Gabriele Kalmbach

111 Geschäfte in Stuttgart, die man erlebt haben muss

emons:

Mein großer Dank gilt allen Ladenbesitzern, die mich bei diesem Projekt auf das Freundlichste empfangen und unterstützt haben. Ohne sie und ihre witzigen Geschäftsideen, ihr traditionelles Handwerk oder ihr Gespür für das Besondere wären die Stuttgarter Stadtviertel nur halb so lebendig.

Bibliografische Information der Deutschen Nationalbibliothek
Die Deutsche Nationalbibliothek verzeichnet diese Publikation
in der Deutschen Nationalbibliografie; detaillierte bibliografische
Daten sind im Internet über http://dnb.d-nb.de abrufbar.

© Emons Verlag GmbH
Alle Rechte vorbehalten
Gestaltung: TIZIAN Books, nach einem Konzept
von Lübbeke | Naumann | Thoben
Covermotive: © iStockphoto.com/lenta, iStockphoto.com/wragg
Lektorat: Monika Elisa Schurr
Redaktion: Constanze Keutler
Satz und digitale Bearbeitung: Gerd Wiechcinski
Kartografie: altancicek.design, www.altancicek.de
Kartenbasisinformationen aus Openstreetmap, © OpenStreetMap-Mitwirkende, ODbL
Druck und Bindung: B.O.S.S Medien GmbH, Goch
Printed in Germany 2015
ISBN 978-3-95451-745-9

Unser Newsletter informiert Sie
regelmäßig über Neues von emons:
Kostenlos bestellen unter
www.emons-verlag.de

Vorwort

Ein Klick mit der Maus kann das Gefühl nicht ersetzen, durch schöne Läden zu bummeln, eine kuschlige Wolldecke in die Hand zu nehmen, an der Duftprobe oder der Tabakmischung zu schnuppern, in die High-Heel-Sandalette zu schlüpfen, Kaffeearoma zu genießen oder einen Rumtrüffel zu probieren. In diesem Buch geht es ums genussvolle Einkaufen, schon Shopping hört sich irgendwie hektisch an!

Sie können sich eigene Grußkarten drucken oder Ihren Lieblingsblumenstrauß binden lassen, den Verlockungen von Törtchen oder Schokolade erliegen, Tanzschuhe, Westernstiefel und Dirndl anprobieren, einen Schlagzeugkurs besuchen oder 300 Ballons fliegen lassen, Ihr Herz an Designklassiker verlieren oder endlich den großen Wunschesstisch aus Massivholz in Auftrag geben.

Die schönsten Dinge sucht man zudem nicht, man findet sie. Mit einer Portion Neugier und etwas Muße für Spaziergänge lässt sich beim Schlendern in Stuttgart eine Vielzahl von sehenswert gestalteten Läden, einzigartigen Boutiquen und spezialisierten Fachgeschäften entdecken. Sie alle führen Dinge, die mit Liebe gemacht oder ausgesucht sind, mal ethisch und ökologisch korrekt, mal elegant und exklusiv oder schräg und schrill, mal retro oder trendy, neu oder gebraucht.

111 Inhaber von Geschäften im Stuttgarter Westen und Süden, in Lehen-, Gerber- und Heusteigviertel, in der Innenstadt wie am Stadtrand sorgen für Vielfalt und Auswahl, trotzen der Internetkonkurrenz oder nutzen das Netz geschickt für den eigenen Erfolg.

In vielen Läden können Sie zudem direkt bei der Produktion zuschauen – von handgewebten Kissen, fairer Mode, Craft-Bier bis zu frisch gerösteten Kaffeebohnen. Denn dass die Stuttgarter Genießer sind, lässt sich leicht an der großen Zahl von Feinkostgeschäften mit regionalen oder internationalen Delikatessen ablesen, die die Stadt aufzuweisen hat. Einige werden Sie kennen, andere überraschen Sie hoffentlich!

111 Geschäfte

1 __ 0711 Store
  Heimatliebe auf Schwäbisch | 10
2 __ 1000schön
  Puppen, Pillen, Porsche | 12
3 __ alpenweit
  100 Prozent Berg | 14
4 __ Alte Tabakstube
  In 80 Spirituosen um die Welt | 16
5 __ annas kaufladencafé
  Stöbern in entspannter Atmosphäre | 18
6 __ ARTANI
  Modeschmuck und Craft-Unikate | 20
7 __ Bergwerker
  Wenn Fels und Schnee rufen | 22
8 __ BESH
  Alte Landrassen und neuer Kult | 24
9 __ Best.
  Zickzack bis Fake-Fur | 26
10 __ BIKESnBOARDS
  Absolut sattelfest | 28
11 __ der blumenladen
  Blütenmeer und Flowerpower | 30
12 __ Blutsgeschwister
  German Schick | 32
13 __ Boots by Boots
  Der Western lebt | 34
14 __ Brunnenhannes
  Zünftig aufgebrezelt und fesch beschürzt | 36
15 __ BUCH:BINDEREI Meike Lehmann
  Feste Bindungen und bewegliche Lettern | 38
16 __ Uli Bühler
  Bestrickend | 40
17 __ CAST-BRAUEREI
  Some like it hops | 42
18 __ Cocotte Antiquitäten
  Patina mit Poesie | 44

19 Confiserie Selbach
Im Schokohimmel | 46

20 Cosima Chiton Stoff Stücke
Der Mustersalon | 48

21 Destillerie Kohler
Hochprozentiges aus Heumaden | 50

22 Di Gennaro
Genießen wie in Italien | 52

23 Josef Distler Holzblasinstrumente
Der Tonmeister | 54

24 Drumpoint Stuttgart
Rhythm and Groove | 56

25 Eckhaus
Schön von allen Seiten | 58

26 Einklang
Wunschtöne für jede Stimmung | 60

27 Engelwerk
Kinderräume, Kinderträume | 62

28 The English Tearoom
It's Teatime | 64

29 épicerie fine
Essen wie Gott in Frankreich | 66

30 Espressoladen
Noch ein Tässchen? | 68

31 Feinwerk
Das kreative Quartett | 70

32 Floristikmanufaktur Blattgold
Stielecht: Blühende Ideen | 72

33 France Meubles – La Maison
Lieblingsstücke für Connaisseure | 74

34 FRAU BLUM
Gemüse aus Silikon | 76

35 Fresh Shoes
Perfekt auftreten | 78

36 Fröhlich Kaffeerösterei
Eine Kunst für sich | 80

37 galerie fifty fifty
Möbel mit Geschichte | 82

38 Gelateria Kaiserbau
Dolce Vita am Marienplatz | 84

39 Gewand
Fundus mit Vergangenheit | 86

40 Glore
Fair fetzt | 88

41 Goldknopf
Couture und klasse Knöpfe | 90

42 The Green Stream
Fruchtrausch und Gemüsekick | 92

43 Gutes für Kinder
Holzbauklötze und Riesenpuzzles | 94

44 Die Hängematte
Unter Bäumen träumen | 96

45 Holzmanufaktur
Die Kunst der runden Ecke | 98

46 Hut Hanne
Alles Kopfsache | 100

47 Kallas
In Familienhand | 102

48 Die Kichererbse
Essen ohne Tiere | 104

49 Klaibers Café
Die vier großen C | 106

50 Königsbäck
Zeit für Geschmack | 108

51 Kopftheater
... und Bartstyling | 110

52 Kraft Augenoptik
Jeder nach seiner Fassung | 112

53 Thomas Künkele Kräuter
Ein Blättchen Unsterblichkeit | 114

54 Kunsthaus Frölich
Alles im Rahmen | 116

55 LIX
Lauter schmucke Stücke | 118

56 Lupo's Rockshop
Soundcheck für Krachmacher | 120

57 Gabriele Lutz
... bittet zum Tanz | 122

58 Maschenzauber
Stricken als Breitensport | 124

59	Maute-Benger	
	Spitze, Strings und Sport-BHs	126
60	Meister Lampe	
	Zuckerbäckerin aus Fernost	128
61	Mercedes-Benz Museumsshop	
	Rund um den Stern	130
62	Merz & Benzing	
	Dekorativissimo	132
63	Messer Müller	
	Scharfe Sachen fürs Schnippeln und Schneiden	134
64	Metropolis	
	Der Stil der schmucken Zwanziger	136
65	mono+	
	Die Sixties in Teak	138
66	Le Néné	
	Dessous für die Seele	140
67	Night Delight	
	Wäsche für mehr	142
68	NIKOManufakt	
	Alles außer Kratzbürsten	144
69	Oma Schmidt's Masche	
	Proseccotäschchen und Eierwärmer	146
70	PAPPNASE & CO.	
	Manege frei für Bewegungskünstler	148
71	Piccadilly English Shop	
	Best of British	150
72	PITTSBALLOON	
	Die Ballon-Artisten	152
73	Porsche Museumsshop	
	Boxenstopp mit Badeenten	154
74	poule folle	
	Das verrückte Huhn	156
75	prachtundprächtig	
	Spannungsreiche Beziehungen	158
76	Reyerhof	
	Bauernhof in der Großstadt	160
77	Rikiki	
	Schatzsuche im Showroom	162
78	rosabraun	
	Kaffee und Wohnkultur	164

79 Die rote Zora
Mode made im Ländle | 166

80 Schick Seesack Yachting
Hipper Skipper | 168

81 Schlossparfumerie
Amber, Oud und Sandelholz | 170

82 Schmachtfetzen
Dress to impress! | 172

83 Schoko-Paradies
Mein lieber Lolli | 174

84 Second Dreams
Vom Schrankhüter zum Trend-Teil | 176

85 Second Hand Records
Vinyl-Schätze aus zweiter Hand | 178

86 Seidenstrasse Wohnkulturen
Bunter leben | 180

87 Ruth Sellack Schmuck Objekte
Glanzstücke und Glücksbringer | 182

88 Sim1 Atelier
Markenzeichen Glücksschwein | 184

89 Souk Arabica
Arganöl und Minztee | 186

90 SPEICKwelt
Naturkosmetik von der Almwiese | 188

91 Steiff Galerie
Knopf im Ohr | 190

92 Stitzenburg Apotheke
Offizin der Jahrhundertwende | 192

93 Studiotique
Produkte mit einer Story | 194

94 Stuttgarter Seifenmanufaktur
Mandelöl und Ziegenmilch | 196

95 Tabacum La Habana
Willkommen im Club | 198

96 tarte & törtchen
Süße Kunst-Stücke | 200

97 Tausche
Zwei auf einen Streich | 202

98 Tritschler
Heiße Teile und runde Sachen | 204

99 twentytwo
Fashionfußball nach Feierabend | 206

100 Übersee
Maritimes Material | 208

101 UNIQUE NATURE
Luxus für Lohas | 210

102 Violas'
Salz ist der neue Pfeffer | 212

103 Vogelsangatelier
Zack, bumm: Bonjour! | 214

104 Von der Rolle
... ist das Tolle | 216

105 Wachendorfer Nudelmanufaktur
Meterweise Maultaschenteig | 218

106 WAUMIAU
Pfotenschuhe und Maßhalsbänder | 220

107 Weinhandlung Kreis
Volle Pullen im Drahtgestell | 222

108 Weinhaus Stetter
Probieren geht über Studieren | 224

109 Weinmanufaktur Untertürkheim
Schatzkammer im Kreuzgewölbekeller | 226

110 Weltladen an der Planie
Fair unter Playern | 228

111 Christiane Zielke
Eine anziehende Frau | 230

1 0711 Store
Heimatliebe auf Schwäbisch

Gar nicht 08/15! Stuttgart ist 0711. Statt Glitzer und Glamour pflegte Stuttgart lange einen Minderwertigkeitskomplex und schaute gebannt auf scheinbar attraktivere Großstädte. Doch in der häufig unterschätzten Stadt wuchs in den letzten Jahren ein spürbares neues Selbstbewusstsein heran: Wir sind jetzt selber wer.

Die Zeichen der Zeit haben Marion Ringhofer und Michael Feigl früh erkannt: Anfang 2008 gründeten sie das Label S-T-G-T mit der Idee, ihre Sympathie für Stuttgart und die Schwaben auf Textilien zu bannen. Seitdem nutzen sie ihre Marke als Spielfeld für originelle Artikel mit Humor oder Hintersinn: Ihre T-Shirts für Männer, Frauen und Kinder, Accessoires und Souvenirs sind Liebeserklärungen an die Schwabenmetropole. Stuttgarter, Neigschmeckte und Sympathisanten finden in ihrem 0711 Store ein buntes Angebot an kleinen Mitbringseln und Souvenirs vom Schlüsselanhänger über Regenschirme mit aufgedrucktem Stadtplan bis zu Teigausstechern mit Fernsehturm-Silhouette. Porzellanbecher erläutern das schwäbische Grundgesetz: »Kehrwoch isch immr«, heißt es da unter anderem. Weil das Sortiment dank immer neuer Einfälle in regelmäßigen Abständen wechselt, lohnt es sich also, ab und zu reinzuschauen.

Nach dem Motto »Zeig, woher Du kommst« rangieren bedruckte T-Shirts an erster Stelle bei Stuttgart-Fans mit neu erwachtem Heimatgefühl. Ein Motiv-Klassiker ist der Fernsehturm als Wahrzeichen der Stadt, daneben die geografischen Koordinaten oder das Stuttgarter Rössle sowie lustige Charakterisierungen der Trägerin von »Mustermädle« bis »Neckarperle«. Daneben bedrucken die Inhaber T-Shirts auch nach individuellen Wünschen. Erstaunlicherweise avancierte ausgerechnet die Telefonvorwahl Stuttgarts zum Aushängeschild des neuen Lokalpatriotismus. Vom Lätzchen bis zum Shopper aus Lkw-Plane ist allerhand mit großem 0711-Aufdruck erhältlich, selbst rote Christbaumkugeln mit 0711 im Glitzerlook.

Adresse Rathauspassage 2, 70173 Stuttgart (Mitte), Tel. 0711/34228832, www.s-t-g-t.de, info@s-t-g-t.de | **ÖPNV** U 1, 2, 4, Haltestelle Rathaus | **Öffnungszeiten** Mo–Fr 10.30–18.30 Uhr, Sa 10.30–16 Uhr | **Tipp** Einen zweiten 0711-Laden gibt's in der Senefelderstraße 52 im Stuttgarter Westen.

2 — 1000schön
Puppen, Pillen, Porsche

Selbst Erwachsenen macht das Stöbern Spaß – das längst vergessene Lieblingsspielzeug von einst, das sie hier entdecken, lässt sie in Kindheitserinnerungen schwelgen. 1000schön ist allerdings kein Retroladen – Horst Bansemer und seine Frau sind auf Messen und anderswo immer auf der Suche nach neuen Spielzeugideen mit Kreativität und Köpfchen.

Die Auswahlkriterien sind klar definiert – nur Produkte mit Witz, Pfiff und Intelligenz sind im Geschäft zu finden. Auch die Ästhetik spielt eine Rolle, die schönen Holzkreisel wirken allein schon als Objekte. Es gibt auch Puppenköfferchen und Stickeralben für kleine Prinzessinnen, Roboter und Modellautos vom 2CV bis zum Porsche Cabrio für große Jungs. Doch Plüsch, Pink und Glitter, Barbie und Playmobil sind nicht vertreten. Dahinter steckt keine pädagogische Botschaft, sondern der Wunsch, unverwechselbar zu bleiben: Nach wie vor soll es im 1000schön nur besondere, heitere und feine Dinge geben, die man nicht überall findet.

Neben einer Baby-Ecke mit Spieluhren, Kuscheltieren und vielen bunten Mobiles für das Kinderzimmer gibt es massives Holzspielzeug für die Kleinsten. Vieles lässt das Kinderherz höherschlagen: Von Glasmurmeln bis zum Holzzoo, von Kasperlepuppen bis zum Kaleidoskop reicht die Palette. Das Sortiment an Bilder- und Erstlesebüchern ist klein, aber fein; die meisten Eltern sind dankbar für die Vorauswahl. Cooles für größere Kids sind nicht nur Schminke und Vampirzähne, sondern auch das Zubehör für Zauberkünstler und Jonglierakrobaten.

Eltern und Großeltern finden hier nicht nur gute Beratung, unterhaltsame Kartenspiele und schöne Geschenke, sondern auch lustige Kleinigkeiten für den Kindergeburtstag, als Preise oder wenn Schätze versteckt werden – Musikdrops, Wurmpillen, Stempel, Malblöcke und Knetbälle. Und für die nächste lustige Runde unter Erwachsenen packt man schnell noch das Klugscheißer-Spiel dazu.

Adresse Eberhardstraße 10, 70173 Stuttgart (Mitte), Tel. 0711/294032, www.1000schoen-stuttgart.de, kontakt@1000schoen-stuttgart.de | **ÖPNV** U 1, 2, 4, Haltestelle Rathaus | **Öffnungszeiten** Mo–Fr 10–19 Uhr, Sa 10–18 Uhr | **Tipp** »Harry's Kaffeerösterei« in der Eberhardstraße führt zahlreiche Sorten, Zubehör wie Kaffeemühlen und Porzellanfilter sowie feine Schokolade.

3 alpenweit
100 Prozent Berg

Kennen Sie den Kloaznkas mit Dörrbirnen oder den Glarner Schabziger? Haben Sie Ihr Haupt schon mal auf ein Heublumenkissen gebettet oder Ihren Salat mit Honigessig angemacht? Wissen Sie, wie Zirbenlikör, Gamssalami und Latschensirup schmecken?

Jutta Schönberger bringt ihren Kunden mit ausgewählten Produkten die Welt der Alpen nach Hause. Ihren Erfolg hat die Unternehmerin sich über das Internet erarbeitet: Zuerst gab es ihren Onlineshop alpenweit (mit einem Lagerverkauf im Stuttgarter Westen), erst danach kam das helle Ladengeschäft am Killesberg hinzu. Aus den ursprünglich 500 Produkten sind über 1.000 geworden: Von Schüttelbrot, Almkäse und Bauernspeck über Destillate und Wein, Tees und Pflegeprodukte aus Bergkräutern bis hin zu Brotzeitbrettln, Schafwollteppichen, Filztaschen und Walkjacken reicht das Angebot.

Mit seiner Mischung aus Feinkost und Spirituosen, Wohn- und Küchenaccessoires, Alpenschick und Alpenstrick für Madel und Bua erfüllt der alpenweit-Store Chalet-Träume und profitiert von der neuen Landlust. Almfaktor, Hüttenzauber und Höhenluft scheinen beim gestressten Großstädter für Ruhe und Entspannung zu sorgen und die Sehnsucht nach den einfachen Dingen, dem Ursprünglichen und Unverfälschten zu treffen. Gletscherseen und blühende Bergwiesen sind beliebte Werbebilder, aber nicht überall steckt auch Alm drin, wo Bergbauern und glückliche Kühe drauf sind! Bei alpenweit ist tatsächlich alles »100 % Berg«.

Auf der Suche nach handwerklicher Sorgfalt und traditionell hergestellten Produkten in zeitgemäßem Design lernt Jutta Schönberger Menschen kennen, die zugleich etwas bewahren und bewegen wollen. Mit den Erzeugern zusammen hat sie eine Eigenmarke entwickelt, auf der jeweils die Höhe angegeben ist, aus der das Produkt stammt: Die frischen Triebe der Latschenkiefer für den Latschensirup werden in 1.850 Metern Höhe im Südtiroler Eisacktal gesammelt.

Adresse Birkenwaldstraße 213a, 70191 Stuttgart (Nord), Tel. 0711/67430810, www.alpenweit.de, info@alpenweit.de | **ÖPNV** U 5, Haltestelle Killesberg | **Öffnungszeiten** Mo–Fr 10–18 Uhr, Sa 10–14 Uhr | **Tipp** Stuttgarter Höhenluft kann man im »Höhenpark Killesberg« schnuppern: Vom Killesbergturm an der höchsten Stelle der Grünanlage bietet sich allen Schwindelfreien ein Panoramablick weit ins Land.

4 Alte Tabakstube
In 80 Spirituosen um die Welt

Ein ganzes Schaufenster nur mit Gin: Da steht die 5779, eine der nummerierten Flaschen von Gilpin's aus London, neben dem Monkey 47 aus dem Schwarzwald, der Ungava Canadian Dry Gin neben Gin Sul im Keramikkrug aus Hamburg-Altona, Saffron Gin aus Dijon neben dem Gin 27 aus Appenzell und der Eigenmarke der Alten Tabakstube.

Noch umfangreicher ist die Länderliste im Lieferverzeichnis von Inhaber Ralph Knyrim: Aus rund 70 Ländern und Regionen von Anguilla bis Wales bezieht er Ware. Denn am Schillerplatz findet man alles, was Liebhaber feiner Tabakwaren und Spirituosen schätzen – eigens für die Tabakstube gefertigte handgerollte Zigarren, rund 30 eigene Tabakmischungen für Pfeifenraucher und entsprechendes Zubehör vom Humidor bis zu Streichhölzern. In 80 Spirituosen um die Welt? Kein Problem! Selbst die in der Klimakammer bei 18 Grad und 68 Prozent Luftfeuchtigkeit sorgsam gelagerten Zigarren kommen beileibe nicht nur aus Kuba.

Von der Fläche ein Winzling, ist die Alte Tabakstube vom Fachwissen, Sortiment und Service her ein Riese. Kaum zu glauben, was Ralph Knyrim auf nur 23 Quadratmetern vorrätig hält: Sagen wir es mal weiterhin mit Zahlen: über 800 verschiedene Spirituosen, über 700 Zigarren sowie über 200 Tabake renommierter Marken und Manufakturen. Dank cleverer Einbauten in der einstigen Speisekammer des Prinzenbaus lässt sich allerhand stapeln und unterbringen; zudem liegt unter dem Geschäft noch ein historischer Gewölbekeller, der als Lager dient.

Dass so ein Fachgeschäft, 1972 von den Eltern des Inhabers gegründet, viele Stammkunden hat, liegt auf der Hand. Und weil sich herumspricht, dass das Team ebenso freundlich wie kompetent ist und das Sortiment vielfältig und innovativ, kommen stetig neue dazu. Um beim Gin zu bleiben: Neben exklusiven Whisky- und Whiskey-Abfüllungen, neben edlen Obstbränden, Rum, Cognac, Armagnac und Calvados stehen für Sie rund 70 Ginsorten zur Auswahl.

Adresse Schillerplatz 4, 70173 Stuttgart (Mitte), Tel. 0711/292729, www.altetabakstube.de, mail@altetabakstube.de | **ÖPNV** U5, 6, 12, 15, Haltestelle Schlossplatz | **Öffnungszeiten** Mo–Fr 10–18.30 Uhr, Sa 10–17 Uhr | **Tipp** Im »Fruchtkasten« am Schillerplatz zeigt das Landesmuseum Württemberg historische Musikinstrumente und lädt Freitagmittags zur »Musikpause«.

5 annas kaufladencafé
Stöbern in entspannter Atmosphäre

»Her mit dem schönen Leben«, steht auf dem Frühstücksbrettchen. Tatsächlich: Das am Erwin-Schoettle-Platz fotografierte Graffito stammt zwar nicht von Anna, könnte aber das Motto für dieses charmante Ladencafé sein. In kleinen Auflagen gibt es Lieblingssachen in besonderem Design zu kaufen – vor allem den Schmuck, den die Betreiberinnen teils in der Werkstatt hinter dem Laden herstellen: Nanette Föhr entwirft für ihr Label »drauf&dran« tolle stoffbezogene Ohrstecker und Ringe, Zopfgummis und Haarclips, Stoffgürtel und Wickeletuis. Caroline Goeser ist Goldschmiedin mit Vorliebe für geometrische und organische Formen.

In den Regalen, Schränkchen und Vitrinen harren viele weitere hübsche Kleinigkeiten ihrer Entdeckung, zum Teil sind es Funde von den Stuttgarter Messen für Design, Kunst und Mode, zum Teil kommen junge Gestalter auch persönlich vorbei; schließlich sind »Neckarliebe« und »Papierpiraten« weitere kleine Stuttgarter Designlabel. Hier können Sie sich mit Masking-Tape und der feinen Papeterie aus Recyclingpapier von »ava&yves« aus Bielefeld eindecken, den auf Leinwand gezogenen Fernsehturm und Postkarten mit Stuttgart-Fotomotiven zum Verschenken erstehen oder sich mit einer Ledertasche selbst beschenken. Denn direkt hinter dem Eckladen im Stuttgarter Westen arbeitet auch das Mutter-Tochter-Team von »Kvinna Bags« im eigenen Atelier und fertigt Handtaschen und Shopper, Täschchen und Etuis. Sie können also sicher sein, hier Dinge zu entdecken, die es nicht an jeder Ecke gibt.

Zwischen Postkarten und Ohrringen, Kühlschrankmagneten und Kinderkleidung werden Latte macchiato und Eiskaffee, Limonade und leckerer Kuchen serviert. Praktisch für Mütter und Väter: Das Café mit Spielecke bietet nicht nur viel Platz für Kinder, sondern führt auch die fröhliche Kindermode von »JaClar«, ebenfalls ein Stuttgarter Label. Nur Anna, die gibt es gar nicht.

Adresse Breitscheidstraße 47, 70176 Stuttgart (West), Tel. 0711/91285138, www.annaskaufladencafe.de, www.draufunddranschmuck.de, info@annaskaufladencafe.de | **ÖPNV** U2, 4, 9, 14, Haltestelle Berliner Platz | **Öffnungszeiten** Di–Fr 11–18 Uhr, Sa 11–14 Uhr | **Tipp** Das Arthouse-Kino »Atelier am Bollwerk« zeigt ein anspruchsvolles Programm internationaler Independent-Filme.

6 ARTANI
Modeschmuck und Craft-Unikate

Ein Kunsthaus mit Klasse: Mundgeblasene Glasvasen stehen neben schweren Stahlschalen, hauchdünne Porzellangefäße neben handgenähten Ledertaschen. Wunderschöne Schals aus Seide oder Wolle, Accessoires aus Filz, originelle Papeterie und Modeschmuck sind auch im Angebot – alles edel und etwas teurer, aber stets ein Mix aus traditionellem Handwerk und modernem Design.

Als Ladengeschäft der Stuttgarter Manufaktur »Langani mit der schwarzen Perle« steht Modeschmuck zwar im Vordergrund, doch das Sortiment beschränkt sich keineswegs nur darauf. Von Anni Schaad in der Nachkriegszeit gegründet, wurde aus ihrem Mädchennamen Anni Lang die Marke Langani und eine schwarze Perle zum Erkennungszeichen. Schon seit 1965 an der Seite ihrer Mutter mit im Unternehmen tätig, übernahm die Tochter Susanne Kiess-Schaad in den 1980er Jahren die Leitung des Hauses.

Ideen und Anregungen holt sich Susanne Kiess-Schaad auf Messen und Reisen in der ganzen Welt. Mit der Geschäftsführung der Galerie hat die Inhaberin Ursula Renzler beauftragt. Der rund 80 Quadratmeter große Laden in der Eberhardstraße bietet einen stilvollen Rahmen für die individuelle Auswahl an Glas-, Holz-, Textil- und Porzellanarbeiten namhafter Kunsthandwerker und Designer. Der phantastische Ernst Gamperl ist ein echter Holzkünstler: Seine ausdrucksvollen Holzschalen besitzen Charakter und Leben. Für jeden Taschenfan sind schöne Stücke dabei, Farbenfrohes von Hester van Eeghen, Robustes von Ulrich Czerny, Geometrisches von Olbrish, Papiernes von Uashmama. Regelmäßig überrascht die Galerie Kunden mit wechselnden Ausstellungen und abwechslungsreichen Dekorationen. Außer der hauseigenen Kollektion präsentiert Artani recht häufig Arbeiten geschätzter Kollegen und Kolleginnen, etwa die Kreolen von Sabine Reichert, Gliederketten von Antje Liebscher oder Ohrhänger von Anke Hennig. Also zeitgenössisches Schmuckdesign mit Klasse.

Adresse Eberhardstraße 31, 70173 Stuttgart (Mitte), Tel. 0711/2369151, www.artani.de, info@artani.de | ÖPNV U 1, 2, 4, Haltestelle Rathaus | Öffnungszeiten Mo 13–19 Uhr, Di–Fr 10–19 Uhr, Sa 10–16 Uhr | Tipp Modeschmuck von »Langani« ist am Unternehmenssitz in der Stöckachstraße 53 ab und zu im Werkstattverkauf erhältlich (Termine unter www.langani.de).

7 Bergwerker
Wenn Fels und Schnee rufen

Pickel und Axt im coolen Logo stehen für Berg und Werk. Seit 2014 sind die Bergwerker die erste Anlaufstelle für alle Bergfexe und Alpinsportler. Nicht nur für anspruchsvolle Fortgeschrittene oder gar Seven-Summits-Bergsteiger, sondern auch für ambitionierte Anfänger bieten die beiden Bergspezialisten ein kleines, aber feines Sortiment an Outdoor-Bekleidung und -Ausrüstung. Marken wie Arc'teryx, Norrøna und Patagonia stehen für Klasse statt Masse (mit der mancher Allround-Sportartikler klotzt).

Manuel Brenner und Marco Riedle, selbst begeisterte Tourengeher, Ski- und Snowboardfahrer, haben hohe Ansprüche: ihr Sortiment technologisch wie modisch stets auf dem neuesten Stand zu halten und optimale Beratung für Alpinisten aller Art zu bieten – vom Eiskletterer bis zum Freerider und vom Wanderfreund bis zum Trailrunner. Die beiden Inhaber, der eine Sportmanager, der andere technischer Kletterer mit viel Erfahrung im Sportfachhandel, machen nicht nur selbst immer wieder Tests mit ihren Produkten, sondern bieten auch Kunden diese Möglichkeit.

Daneben organisieren die Bergwerker relativ häufig Touren, von der Skitour im Tannheimer Tal, gemeinsam mit lokalen Bergführern vor Ort, über das Hüttenwochenende im Lechtal bis zum Felsenklettern auf der Schwäbischen Alb. Zudem gibt's mit der Sektion Stuttgart des Deutschen Alpenvereins eine enge Kooperation, etwa als Servicepartner für den Skiverleih.

Ob Splitboard, Freeride- oder Tourenski, Schneeschuh oder Telemarkbindung, Klettergurt, Helm oder Wanderstiefel, Funktionsbekleidung oder Rucksack, GPS-Uhr oder Lawinensonde, Gletscherbrille oder Stirnlampe – hier soll der Bergfan genau die und nur die Ausrüstung bekommen, auf die er sich verlassen kann, wenn er in der Wand hängt oder den ersten Schwung im Tiefschnee macht. Wo nötig, selbstverständlich auch Eispickel.

Adresse Silberburgstraße 163, 71078 Stuttgart (West), Tel. 0711/2239750, www.bergwerker.de | ÖPNV U 1, U 4, Haltestelle Österreichischer Platz | Öffnungszeiten Mo–Fr 10–19 Uhr, Sa 10–17 Uhr | Tipp Beim Deutschen Alpenverein Sektion Stuttgart, mit dem die Bergwerker eng zusammenarbeiten, steht in der Geschäftsstelle in der Rotebühlstraße für Mitglieder eine gut sortierte alpine Bibliothek zur Verfügung.

8__BESH
Alte Landrassen und neuer Kult

Dry Aged ist Kult und versetzt neuerdings Fleischliebhaber in Verzückung. Am Knochen gereiftes, trocken abgehangenes Rindfleisch liefert die besten Steaks der Welt, heißt es. Dry Aged T-Bone-Steaks bekommen Kunden selbstverständlich auch am Stand der Bäuerlichen Erzeugergemeinschaft Schwäbisch Hall in der Markthalle, und hinter der Verkaufstheke reifen ganze Rinderrücken in einem großen Glaskühlschrank.

Doch eigentlich geht es hier um alte Werte und historische Landrassen. Das Steak stammt vom Weiderind Boeuf de Hohenlohe; Fleisch vom Schwäbisch-Hällischen Landschwein, von Zicklein, Kalb und Hohenloher Lamm aus Mitgliedsbetrieben sowie Innereien ergänzen das Angebot. Nicht nur in zünftigen Wirtschaften kommt Fleisch von Schwäbisch-Hällischen Landschweinen aus Eichelmastweide auf den Tisch. Wegen ihrer vorzüglichen Fleischqualität gelten sie als »Gourmetschweine« und stehen bei allen Sterneköchen hoch im Kurs. »Ripp, ripp, hurra!« konnte sich auch das Magazin Beef für Spareribs vom Landschwein begeistern. Fast galt die Rasse schon als ausgestorben. Rudolf Bühler, Vorstand und Gründer der Erzeugergemeinschaft, hat sie wieder zu neuem Leben erweckt und sorgt heute mit rund 1.450 weiteren Hohenloher Landwirten für den Erhalt.

Feinschmecker schätzen die Salamisorten, Bauernschinken, Pfefferbeißer und Landjäger. In Dosen gibt's zudem Blut-, Leber-, Bratwurst und weitere wunderbare kulinarische Mitbringsel, daneben Bio-Senf und Naturgewürze im Glas, teils aus eigenem Anbau, teils von Partnerprojekten in Indien und der Vojvodina. Das Trockenreifen des Fleisches am Knochen ist übrigens ganz und gar nicht neu, sondern ein traditionelles Verfahren, das nur fast in Vergessenheit geraten war. Inzwischen vermarktet die Bäuerliche Erzeugergemeinschaft Schwäbisch-Hall sogar Dry Aged Pork. Es herzustellen ist nur aus dem Fleisch von alten Landrassen möglich, das weniger Wasser enthält.

Adresse Stuttgarter Markthalle, Dorotheenstraße 4, 70173 Stuttgart (Mitte), Tel. 0711/2486430, www.besh.de, info@besh.de | **ÖPNV** U 1, 2, 4, 5, 6, 7, 12, 15, Haltestelle Charlottenplatz | **Öffnungszeiten** Mo–Fr 7.30–18.30 Uhr, Sa 7–17 Uhr | **Tipp** Wer aus der Stadt mal rauswill, kann sich im Hohenloher Land vor Ort einen Eindruck verschaffen.

9 Best.
Zickzack bis Fake-Fur

Schon das Geschäft signalisiert, dass hier modebewusste Frauen mit Stil fündig werden. Best. logiert in großzügigen loftartigen Räumlichkeiten im Gerberviertel, das Ambiente ist minimalistisch, schnörkellos, klar und stilvoll – an langen Kleiderstangen hängen Röcke, Blusen, Hosen, Kleider und Jacken, in den beleuchteten Regalen findet sich die Auswahl an Jeans, Strick, Schuhen und Accessoires. Was dekoriert ist, zeigt gleich das große Talent von Tina Josenhans: Die Inhaberin kombiniert Fashionpieces ganz unterschiedlicher Modelabels zu stimmigen, sehr schicken individuellen Looks, etwa eine zickzack-gemusterte Strickhose von Missoni mit einer Seidenbluse und einer farbigen Fake-Fur-Jacke.

In ihrem Multibrand-Store führt Tina Josenhans etablierte Marken und wechselnde Newcomer und Jungdesigner, sportive Outfits ebenso wie Easy Casual Chic für den Alltag, Red-Carpet-Taugliches für den großen Auftritt und It-Pieces für ganz Trendbewusste. Darunter sind feminine Stücke aus den Kollektionen von Diane von Furstenberg und Dorothee Schumacher, coole Lederjacken von Giorgio Brato, zeitlos attraktive Jeans von Closed und körperbetonte Ledermode von Stouls, luxuriöse und zugleich ultrabequeme Kaschmir-Strickmode von Allude.

Jeder Designer hat seine eigene Handschrift, doch Tina Josenhans sucht alle Einzelteile mit so viel Fingerspitzengefühl und modischem Gespür aus, dass sie zusammen den unverwechselbaren Stil von Best. ergeben. Ihre Auswahl ist wie der Inhalt eines perfekten Kleiderschranks; kein Wunder, dass einige Kundinnen sich hier komplett einkleiden. Inhaberin Tina Josenhans legt Wert auf edle Materialien, die jeder Frau schmeicheln. Nicht nur für die Schumacher-Kollektion, auch für die Auswahl im Best. gilt: In den klassischen Teilen steckt so viel High Fashion, dass sie nicht langweilig wirken, und in der High Fashion so viel Klassik, dass sie tragbar ist. Best of Best. eben.

Adresse Sophienstraße 14, 70178 Stuttgart (Mitte), Tel. 0711/6744963, www.best-store.de, info@best-store.de | **ÖPNV** U 1, 14, Haltestelle Österreichischer Platz | **Öffnungszeiten** Mo–Fr 10–19 Uhr, Sa 10–18 Uhr | **Tipp** Tina Josenhans führt ein zweites Geschäft im nahen Waiblingen.

10 BIKESnBOARDS
Absolut sattelfest

Ob Langstrecken-Sportler oder Gemütlich-Radler, ob Rennrad oder Pedelec: Radfahren wird immer schicker und dient nicht mehr allein dem Fortkommen. Für den einen Radler sind puristische Fixies ohne Gangschaltung und Schutzbleche Kult, der andere will im Retrodesign mit stilechtem Brooks-Ledersattel in der Großstadt umherpedalieren, der dritte sucht ein Enduro-Mountainbike für Trips in die Berge, der vierte ein sportliches E-Bike für den täglichen Weg zur Arbeit, der fünfte ein cooles Kinderrad für den Nachwuchs: Für jeden Fahrradwunsch kann BikesnBoards etwas anbieten. Zum Sortiment gehören Produkte von Cube, Early Rider, Santa Cruz, Scott, Specialized, Yeti und vielen weiteren Marken sowie eine große Auswahl an Longboards, Lifestylebekleidung und Equipment.

Bei BikesnBoards wird nicht nur jeder fündig, sondern was noch wichtiger ist: Service wird groß geschrieben – das Kriterium, um aus einem gut sortierten Radladen den Radhändler des Vertrauens zu machen. Die Beratung ist kompetent, Probefahrten sind selbstverständlich und Probesitzen auf einem neuen Sattel ebenfalls. Auch günstige Räder werden individuell und typgerecht an die Kunden angepasst, und die Werkstatt repariert auch Fremdräder.

Das Geheimnis ihres Erfolgs, so Geschäftsführer Frank Sontag, bestehe darin, dass ihnen ein zufriedener Käufer mehr wert sei als der schnelle Euro und sie stetig daran arbeiteten, das Angebot im Laden an die Wünsche der Kundschaft anzupassen. Alle im Haus sind selbst Radsportler, die ihre Arbeit lieben, sich über Trends auf dem Laufenden halten und Neuheiten schnell ausprobieren. BikesnBoards wird von Enthusiasten betrieben, und das spricht sich rum. Kein Wunder, dass bei der alljährlichen, schon legendären Weihnachtsfeier bis zu 500 Leute der Radsportszene auflaufen und sich samstags zum Spontan-Barbecue vor dem Laden immer schnell Gäste zu Radler und Roter Wurst einfinden.

Adresse Tübinger Straße 53, 70178 Stuttgart (Süd), Tel. 0711/51872402, www.bikesnboards.de, stuttgart@bikesnboards.de | **ÖPNV** U 1, 14, Haltestelle Österreichischer Platz | **Öffnungszeiten** Mo – Fr 11 – 19 Uhr, Sa 10 – 16 Uhr | **Tipp** Samstags werden regelmäßig geführte Touren organisiert und im Winter ab und zu Schraub-Workshops angeboten.

11 der blumenladen
Blütenmeer und Flowerpower

Halb fünf ist für die meisten Menschen noch mitten in der Nacht. Mehrmals wöchentlich ist Karin Engel dann schon auf dem Großmarkt unterwegs und hält Ausschau nach schönen Blumen und attraktiven Grünpflanzen. Noch bevor der Laden um 8 Uhr öffnet, wird zudem Ware angeliefert, die vorbereitet und im weitläufigen Verkaufsraum präsentabel geordnet sein muss. Drinnen sind auf 300 Quadratmetern ganze Wagenladungen von Schnittblumen prachtvoll und üppig dekoriert, zwischen ausgefallenen Vasen und Objekten aus Stein. Draußen erobern Topfpflanzen, Sträucher, gar Bäume den Gehweg.

Ihr Arbeitstag dauert regelmäßig 10 bis 12 Stunden, dennoch versprüht Karin Engel jede Menge Energie und Begeisterung, weil sie Pflanzen und ihre Arbeit liebt. Blumen kann man nicht neu erfinden, sagt sie, aber für die Art und Weise, sie zusammenzustellen, entwickelt die ausgebildete Gärtnerin und Floristin immer neue, überraschende Ideen. Weil ihr Gespür für Farben und Proportionen, die bestechend große Auswahl und die superfreundlichen Mitarbeiter stadtbekannt sind, ist der Blumenladen kein Geheimtipp, sondern eine Stuttgarter Institution.

Die Powerfrau zaubert nicht nur natürliche Sträuße und verspielte, manchmal wilde oder auch ganz strenge florale Arrangements, man kann sich von ihr und ihrem Team für die festliche Tischdeko beraten oder gleich die Terrasse sommerfein machen lassen, ein Blumenabo ordern, den Brautstrauß oder Trauerfloristik aussuchen. Dass es keine »schlimme Ware« bei ihr gibt, sondern nur fair gehandelte Pflanzen aus überprüften Betrieben, scheint ihr so selbstverständlich, dass sie es gar nicht an die große Glocke hängt.

Ihr Enthusiasmus ist ansteckend: Zum 25-jährigen Jubiläum im Sommer 2015 bedankten sich Karin Engels Lieferanten für die herzliche und unkomplizierte Zusammenarbeit. Um bei ihnen Regionales und Exotisches einzukaufen, steht sie weiterhin gern in aller Frühe auf.

Adresse Olgastraße 54, 70182 Stuttgart (Mitte), Tel. 0711/241466, www.derblumenladen.net, info@derblumenladen.net | ÖPNV U 5, 6, 7, 12, 15, Haltestelle Olgaeck | Öffnungszeiten Mo – Fr 8 – 18.30 Uhr, Sa 9 – 16 Uhr | Tipp Im Winter können Pflanzenliebhaber über 160 Jahre alte Kamelien im Stuttgarter Zoo »Wilhelma« bestaunen. Und das Maurische Landhaus beherbergt die berühmte Titanenwurz »La Diva«, deren Blütenstand schon eine Höhe von 2,94 Metern erreichte.

12 Blutsgeschwister
German Schick

Der Flaggschiffladen hat den schönsten Namen: L'aufbrezelsteg ist nicht nur ein Wortspiel mit Aufbrezeln, es gibt tatsächlich einen Laufsteg zwischen den Umkleidekabinen in Vichykaro und Wänden mit Rosenmuster. So originell wie der Name sind auch die Kollektionen: Passend zur Auswahl an figurbetonten Kleidern und unkonventionellen Röcken, Leggings und Oberteilen in den Größen XS bis XL (teils bis XXL) gibt's auch blumenübersäte Taschen, Geldbeutel und andere Accessoires. Dazu kommen Kinderkleidung bis Größe 152, im Sommer Badeanzüge und Bikinis, im Winter Schals und Mützen.

Mit romantisch-verspielten Farb- und Stoffdesigns legt Blutsgeschwister einen ganz eigenen Stil an den Tag – Blümchenkleider beschreibt nicht annähernd das Prinzip: Eher bekommt man hier einen klassischen Trenchcoat mit Blümchenstickerei und buntem Futter.

Kleider machen Leute: Seit der Gründung im Jahr 2001 in Stuttgart ist das hippe Label längst überregional erfolgreich (und die Kreativzentrale nach Berlin umgezogen). Aus dem Massenangebot großer Textilketten sticht die von Karin Ziegler entworfene Dolce-Vita-Soulwear unverwechselbar heraus. Schwarze Einzelteile findet frau hier jedenfalls nicht!

Kleider machen Leute: Aus Kundinnen, die sich zunächst nur ein auffälliges Kleidungsstück zugelegt haben, werden oft Stammkundinnen, die ihr ganzes Outfit im Blutsgeschwister-Design kombinieren und teils sogar ein Foto von ihrer standesamtlichen Trauung posten.

Karin Zieglers Kollektionen folgen jeweils Themen, heißen »I love to ride my bicycle« oder »Alice in the Sky with Rainbows«. Wie die Einzelteile und Kollektionen erhalten auch alle Filialen, ob in Köln, München oder Frankfurt, phantasievolle Namen: »La Kölsche Vita« ist so einprägsam und treffend wie »German Schickeria« oder »Zeiltänzerin«. Wem so schräge Wortspiele einfallen wie »Beau Russia« für das Geschäft in Dortmund, der darf durchaus berechtigt mit »Fantasiegarantie« werben.

Adresse Breite Straße 4, 70173 Stuttgart (Mitte), Tel. 0711/72233268, www.blutsgeschwister.de, info@laufbrezelsteg.de | **ÖPNV** U 2, 4, 11, 14, Haltestelle Rotebühlplatz; S 1, 2, 3, 4, 5, 6, 60, Haltestelle Stadtmitte | **Öffnungszeiten** Mo–Fr 10–20 Uhr, Sa 11–19 Uhr | **Tipp** Laufstege etwas anderer Art sind die vielen Fußgängerbrücken in Stuttgart, oft in Zusammenhang mit Gartenschauen entstanden. Von Bauingenieur Jörg Schlaich stammt die Hängebrücke am Max-Eyth-See, das »Golden Gatele«.

13 Boots by Boots
Der Western lebt

»These boots are made for walkin' and that's just what they'll do ...« Den Song von Nancy Sinatra wird man nicht mehr los, hat man den Laden in der Gerberstraße erst einmal betreten. Trotz der zahlreichen Coverversionen von Planet Funk, Amanda Lear oder dem Songschreiber Lee Hazlewood selbst bleibt ihre Aufnahme von 1966 die einprägsamste und zeitloseste.

So zeitlos wie Bikerboots und Westernstiefel, die mal mehr oder weniger in Mode, aber nie aus der Mode sind: Diverse »In & Out«-Phasen haben Alma und Volker Göpel schon überstanden. Ihr Laden hat mehr als 30 Jahre auf dem Buckel – im Einzelhandel ist das heute legendär.

Im Wilden Westen werden die Stiefel nicht genäht. Die Göpels beziehen ihr Schuhwerk in Spanien und Mexiko, denn dort gibt es noch Handwerksbetriebe mit dem entsprechenden Know-how. Das Design entwerfen die Stuttgarter größtenteils selbst, und zwar so variantenreich in Form, Farbe und Design, dass der Laden mit mehr als 6.000 Stiefelpaaren aufwarten kann. Bei der Kreation von Western Boots sind der Phantasie offenbar keine Grenzen gesetzt; ganz extravagante Modelle gibt es oft nur in einer einzigen Größe als echte Unikate. Oft treffen dann tatsächlich Mann und Wunschmodell, wie vorbestellt, aufeinander.

Dass Frauen ein Faible für Schuhe haben oder sogar einen Tick, ist hinlänglich bekannt. Cowboystiefel entfachen auch bei Vertretern des starken Geschlechts große Sammelleidenschaft – den Tretern mit dem Touch von Abenteuer und Freiheit können viele Männer nicht widerstehen. Und wer glaubt, dass nur Frauen rote oder türkisfarbene Schuhe kaufen, liegt völlig falsch.

Zusätzlich gibt's Stiefelschmuck und Gürtel mit ausgefallenen Schnallen; zum Service gehören auch der Versand per Onlineshop, Nützliches für die Lederpflege, Übergrößen und Mini-Ausgaben für Kids. Are you ready boots? Start walkin'!

Adresse Gerberstraße 5f, 70178 Stuttgart (Mitte), Tel. 0711/6498955, www.bootsbyboots.de, info@bootsbyboots.de | **ÖPNV** U 1, 14, Haltestelle Österreichischer Platz | **Öffnungszeiten** Mo–Mi 10–18.30 Uhr, Do und Fr 10–20 Uhr, Sa 10–18 Uhr | **Tipp** Zünftig ausführen kann man seine Westernstiefel in die »[m]eatery« in der Kronprinzstraße, spezialisiert auf Steaks aus Argentinien und den USA, Burger und Tatar. In der gläsernen Reifekammer im Restaurant reifen ganze Rinderrücken.

14 Brunnenhannes
Zünftig aufgebrezelt und fesch beschürzt

Manchmal ist die Post an Hannes Brunnen adressiert. Dabei gab die Lage am Hans-im-Glück-Brunnen den Ausschlag für den Namen »Brunnenhannes«. Im urigen Laden von Ute Mauz statten sich gut gelaunte Kunden mit alpenländischem Lifestyle aus: Während die Männer Krachlederne und Trachtenhemden anprobieren, kann frau in der Dirndlauswahl stöbern.

Was in Bayern Tradition hat, ist inzwischen auch in Stuttgart Trend: Seit einiger Zeit gehören Dirndl und Lederhose zum Cannstatter Volksfest wie Göckele und Bier. Auf dem Wasen trägt mittlerweile mindestens die Hälfte der Besucher Tracht, gleich, welchen Alters. Die Bandbreite der modischen Outfits ist groß, manches schmückt, anderes erinnert eher an Karneval.

Zwar ist auch beim Brunnenhannes vor der Wasenzeit die Hölle los, doch Faschingskostüme bekommt man hier nicht, sondern bodenständige und moderne Trachtenmode, Hosen aus Hirschleder, zünftige Haferlschuhe, handgestrickte Jacken, Lodengamaschen und Trachtenstrümpfe von Marken wie Anno Domini, Almsach, Alpenherz, Dirndl & Bua, Gottseidank, Grasegger, Hammerschmid und Meindl. Mit Kinga Mathe ist darunter sogar eine Stuttgarter Designerin, die sich auf Dirndl spezialisiert und ihr Trachtenlabel schon 2008 gegründet hat. Auch Ute Mauz hat im selben Jahr eröffnet, noch bevor die Trachtenwelle Stuttgart erreichte; damit gehört der Brunnenhannes zu den ersten Geschäften der Region, die Trachtenliebhaber ausstatteten, für Volksfest, Mottohochzeit oder Skiurlaub.

Doch führt Ute Mauz nicht ausschließlich Trachtenkollektionen: Kultstatus haben die handgefertigten Red Wing Shoes, robustes und haltbares Schuhwerk aus Minnesota, eigentlich Arbeitsschuhe für Minenarbeiter, Holzfäller und Farmer, die auf die besonders hohe Belastbarkeit und Bequemlichkeit der Schuhe vertrauten. Also durchaus passend auch für Bauernburschen von den Fildern, wie ihn die Brunnenfigur Hans im Glück darstellt.

Adresse Geißstraße 15, 70173 Stuttgart (Mitte), Tel. 0711/2738435, http://brunnenhannes.de, info@brunnenhannes.de | **ÖPNV** U 1, 2, 4, Haltestelle Rathaus | **Öffnungszeiten** Di–Fr 11–19 Uhr, Sa 11–16 Uhr | **Tipp** Am besten vorzeigen lässt sich so ein Dirndl beim Wasenbesuch. Glücklicherweise findet das Cannstatter Volksfest im Frühjahr und im Herbst statt.

15 BUCH:BINDEREI
Meike Lehmann

Feste Bindungen und bewegliche Lettern

Eine Speisekarte, gebunden in Kuhfell? Die Lieblingsrezepte mit einem Einband aus Geschirrtüchern? Die Buch:Binderei Meike Lehmann ist spezialisiert auf maßgeschneiderte Einzelanfertigungen. Da kann die Beratung schon mal ein bis zwei Stunden dauern, bis das Nappaleder fürs edle Gästebuch ausgesucht ist, Papiersorte, Umfang und Format feststehen. Soll es die Japanbindung sein, bei der die Papierbögen mit einem Faden sichtbar vernäht werden? Offene Fadenheftung, Klebebindung, Steifbroschur mit Gewebeband? Gerader oder runder Rücken? Ein Minibuch oder ein Riesenfoliant? Welches Einbandmaterial? Die Kunden haben zwar eine vage oder konkrete Vorstellung vom gewünschten Buch, doch fehlt in der Regel die Erfahrung mit der Umsetzung.

2005 hat Meike Lehmann die schon 1905 gegründete Buchbinderei Kugler übernommen, in der sie einst ihre Ausbildung begonnen hatte. Nach Gesellenbrief, Stationen in Handwerk und Industrie in Berlin und Heilbronn, Abendschule und Meisterprüfung 2003 firmiert das Unternehmen nun unter ihrem Namen.

Was in ihrem Betrieb zum Buch gebunden wird, hat sich mit der Digitalisierung stark verändert. Der klassische Zeitschrifteneinband für Universitäten oder Kanzleien ist immer seltener gefragt, dafür boomen Hochzeitsbücher als ganz persönliche Erinnerung und Geldbücher als Geschenk zur Konfirmation oder zum Abitur.

Die tatkräftige Weiberwirtschaft von Chefin Meike Lehmann arbeitet mit jahrzehntelanger Erfahrung, handwerklichem Können und großer Leidenschaft für ästhetische Produkte. Das Team fertigt Mappen und Schachteln für aufwendige Präsentationen von Fotografen, Designern und Architekten, zieht Landkarten auf, repariert beschädigte Bände oder versieht Schreibtischunterlagen mit individueller Prägung – selbst Hundehalsbänder wurden schon von Hand geprägt.

Adresse Seidenstraße 42, 70174 Stuttgart (Mitte), Tel. 0711/294931, www.buchbinderei-lehmann.de | **ÖPNV** U 4, Haltestelle Rosenberg-/Seidenstraße | **Öffnungszeiten** Mo–Do 8–17 Uhr, Fr 8–14 Uhr (gesonderte Ferienöffnungszeiten!) | **Tipp** Auf dem nahen Hoppenlauffriedhof fand Luise Duttenhofer (1776–1829) ihre letzte Ruhestätte, eine bedeutende, wenn auch fast vergessene Scherenschnittkünstlerin.

16 — Uli Bühler
Bestrickend

Wohlig, wärmend, Wollpulli! Dass sich die Trageeigenschaften von Strick wie von selbst zum Wohlfühlen gesellen, ist kein Zufall! Ob uni oder bunt gemustert: Spezialist für Damenpullis und Cardigans, mit Kurz-, Dreiviertel- oder Langarm, aus Viskose, Wolle, Baumwolle oder Kaschmir ist Uli Bühler am Marktplatz. Mit weit über 6.000 Modellen in vielen Farben steht den Kundinnen ein breites Sortiment zur Auswahl.

In einer Innenstadtlage, die mehr und mehr von Filialisten und Fast-Food-Shops bedrängt wird, zählen bodenständige Geschäfte wie dieses schon zu den Raritäten. Dass der Familienbetrieb, der auf mehr als 65 Jahre des Bestehens zurückblickt, sich gehalten hat und nun in dritter Generation geführt wird, liegt an »beharrlicher Kontinuität« und ständiger Veränderung zugleich, sagt Inhaber Uli Bühler.

In der Nachkriegszeit bot Großmutter Rosa Bühler zunächst vom Handwagen die Mangelware Wolle an, Stuttgart war noch durch Bombenangriffe zerstört. Im neu erbauten Haus wurde dann 1952 Wolle Bühler eröffnet. Zunächst gab es dort Handstrickgarne und Strickmusterberatung, heute verkauft man auf zwei Etagen neben Strickoberbekleidung auch Jeans, Hosen, Blazer und Blusen in den Größen 36 bis 50.

Was auf den ersten Blick vor allem bürgerlich-gediegen wirkt, ist auf den zweiten ein Unternehmen mit dezidiertem Konzept und erstaunlich großer Lust auf Innovation. Hier findet man weder »preiswerte« Pullis zu Kampf- und Lockpreisen noch Modelle für vierstellige Beträge; die Ware soll tatsächlich ihren »Preis wert« sein. Gerne hält Uli Bühler Ausschau nach kleinen Manufakturen mit Sinn für Qualität, ob gleich in der Nähe auf der Alb, in Italien oder Irland.

Oder auch außerhalb Europas: Das Material für die eigene Linie des Hauses, Nora B., stammt aus Neuseeland. Strick aus Merino-Possum-Wolle ist 30 Prozent wärmer als Kaschmir und trotzdem viel leichter – eine Wohltat für jede fröstelnde Frau.

Adresse Hirschstraße 12, 70173 Stuttgart (Mitte), Tel. 0711/295400, www.uli-buehler.de, info@uli-buehler.de | **ÖPNV** U 1, 4, 14, Haltestelle Rathaus | **Öffnungszeiten** Mo–Fr 9.30–18.30 Uhr, Sa 9.30–18 Uhr | **Tipp** Im Bunker unter dem Marktplatz, der in der Nachkriegszeit und noch bis 1985 als Hotel genutzt wurde, sind keine Führungen möglich. Einige andere wie der Tiefbunker Feuerbach können besichtigt werden (www.schutzbauten-stuttgart.de).

17 CAST-BRAUEREI
Some like it hops

Im Hinterhof in der Schlosserstraße liegt Kalifornien gleich um die Ecke. Denn die Idee, in Stuttgart eine eigene »Micro-Brewery« zu eröffnen, entstand nach einem Besuch bei Freunden in San Francisco. Daniel Bleicher ist gelernter Brauer und Mälzer, hat nach seiner Ausbildung in Ulm den Meister in München gemacht und anschließend in Ludwigsburg für Brauereien gearbeitet. Seit 2010 betreibt er Stuttgarts wohl kleinste Brauerei. Noch, muss man sagen, denn gerade ist er dabei, sich zu vergrößern.

Mitten im Heusteigviertel setzt er etwa zweimal wöchentlich obergärige Craft-Biere an, darunter immer IPA, das bittere Starkbier, Pale Ale und Weißbier. Zusätzlich gibt's von seiner Cast-Brauerei immer mal Saisonales, Summer Ale, Stuttgarter Rogg' oder altfränkisches Festbier aus frischem Grünhopfen, das beim Hoffest ausgeschenkt wird. Flaschen werden ab Rampe verkauft, doch das hauseigene »Bierometer« im Internet zeigt wegen wachsender Nachfrage oft »ausverkauft« an.

Trend sind bodenständige Craft-Biere vor allem in der jungen Szene. »Fernsehbier« heißen in Brauerkreisen dagegen ironisch alle Mainstream-Biere, und das Reinheitsgebot gilt eher als Einschränkung denn als Vorteil. Auch Daniel Bleicher treibt die Lust am Experiment an, von neuen Hopfensorten und fruchtigen Bieraromen von Maracuja über Minze bis Zitrone kann er richtig schwärmen. Den schwäbischen Traditionsmarken will er keine Konkurrenz machen, sondern durch außergewöhnliche, charaktervolle Biersorten die Vielfalt bereichern. Wo große Braukonzerne erst langwierige Marktstudien in Auftrag geben müssen, kann er einfach in kleinen Mengen und rasch Neues ausprobieren: Pumpkin Ale aus Kürbis beispielsweise.

Weil seine Leidenschaft für kalt gehopfte Ales beim USA-Besuch begann, leitet sich der Name CAST aus den ersten beiden Buchstaben von CAlifornia und der Landeshauptstadt STuttgart ab. Dann mal Prost und eternal hoppiness!

Adresse Schlosserstraße 20/1, 70180 Stuttgart (Mitte), Tel. 0711/12152694, www.cast-brauerei.com, castbrauerei@yahoo.com | **ÖPNV** U 1, 14, Haltestelle Österreichischer Platz | **Öffnungszeiten** Mi–Fr 10–18.30 Uhr, Sa 10–16 Uhr | **Tipp** Die wechselnde Auswahl an regionalen und internationalen Bierspezialitäten aus der Flasche und vom Fass im »Maulwurf« in Vaihingen kann sich sehen lassen.

18 — Cocotte Antiquitäten
Patina mit Poesie

Cappuccino trinken und dann den Spiegel mitnehmen? Wer hübsche alte Dinge oder Kurioses liebt, ist hier richtig. Der Antikladen im Bohnenviertel bietet mehr als nur ein nettes Sammelsurium, in dem Einzelstücke auf neue Besitzer warten. Im außergewöhnlichen Ambiente eines Ladens des 19. Jahrhunderts, ursprünglich wohl eine Metzgerei, arrangiert Steffen Vetter Schönes mit Geschichte und teilweise skurrile Einzelstücke zu poetisch-stimmungsvollen Tableaus. In ihrer jeweiligen Inszenierung können Kabinettschrank, Majolika-Blumensäule und Teeservice dann überdauern, bis sie jemand entdeckt.

Der Eckladen mit Flair passt gut ins Bohnenviertel, den einzigen erhaltenen Teil der historischen Altstadt mit schmalen Gassen und Hinterhofgärten. Das beliebte Szeneviertel hat sich seinen Charme bewahrt und beherbergt in enger Nachbarschaft viele weitere Antiquitäten- und Trödelgeschäfte, kleine Boutiquen, Künstlerwerkstätten und Galerien, alteingesessene Weinstuben und gemütliche Cafés.

Den Schwerpunkt des nostalgischen Antikladens mit dem französisch-frivolen Namen bilden außergewöhnliche (Kristall)Lüster des 19. und 20. Jahrhunderts, französische Kleinmöbel des Empire, Biedermeier, Historismus, Jugendstil und Art déco, Gemälde, Rahmen, Spiegel und viele weitere Objekte. Hochglanzpoliert und allzu makellos soll sein Angebot nicht sein, doch Steffen Vetter legt Wert darauf, seinen Stücken ihre Patina zu lassen und Gruppen auch nicht auseinanderzureißen. Den Sinn dafür haben ihm schon die Eltern vermittelt, mit denen er viel gereist ist, Auktionen und Ausstellungen besucht hat.

Im Laden setzt er auf Atmosphäre, auf die Ausstrahlung seiner Einzelstücke wie auf die Musikauswahl (nach der er oft gefragt wird). Im Winter wirft er den Holzofen an, im Sommer sitzt seine junge Klientel mit Chai Latte oder einem Espresso am liebsten draußen vor den Schaufenstern in der Sonne.

Adresse Katharinenstraße 35, 70182 Stuttgart (Mitte), Tel. 0711/5532335, www.cocotte-antique.com, info@cocotte-antique.com | **ÖPNV** U 1, 2, 4, Haltestelle Rathaus | **Öffnungszeiten** Di–Fr 12–19 Uhr, Sa 11–17 Uhr | **Tipp** Eine echte Institution schon seit mehr als 30 Jahren ist der Samstagsflohmarkt auf dem Karlsplatz.

19 Confiserie Selbach
Im Schokohimmel

Götterspeise in Form von Pudding gibt's nicht in der Confiserie, aber handgefertigte Tafel- und Bruchschokolade, göttliche Pralinen, Trinkschokolade, Nugat, Marzipan und Kleingebäck. Denn: Theobroma ist der botanische Name der Kakaopflanze, die den Grundstoff für Schokolade liefert, und das heißt übersetzt »Speise der Götter«.

Neben Süßem aus eigener Herstellung finden Kunden in der Confiserie Selbach erlesene Chocolatier-Marken wie Björn of Sweden, Claudio Corallo, der in Afrika fertigt, Schönenberger aus der Schweiz, Zotter aus Österreich, Domori aus Italien, Bonnat, Cluizel und Valrhona aus Frankreich. Neben den Klassikern von Vollmilch bis Zartbitter füllen auch außergewöhnliche Schokoladenkreationen von Chili bis Whisky die nostalgischen Regale. Weil Inhaber Heiko Wagner Trends beobachtet und auf Kundenwünsche reagiert, führt er daneben Fair-Trade- und Bio-Qualität, vegane und laktosefreie Produkte sowie sortenreine Schokolade von einzelnen Plantagen. Madécasse etwa produziert unter fairen Bedingungen in Madagaskar, Mitzi Blue heißt die Bio-Fair-Trade-Linie der Firma Zotter.

In der Filiale am Schillerplatz stapeln sich weitere Schachteln, Tütchen und Tafeln mit süßem Inhalt. Doch nicht alles dort ist zuckersüß – die zahlreichen Essigsorten von Dattel- bis Granatapfelessig und Liköre im großen Wandregal erfreuen sich größter Nachfrage.

Mit »Stuagerder Rossbolla«, Schokoladen-Pferdeäpfeln im Miniaturformat, oder Langenburger Wibele, einem Vanillegebäck aus Biskuitteig, liefert die Confiserie auch Geschenkideen für süße Mitbringsel, sorgt für Schoko-Osterhasen im Frühjahr wie für exquisite Lebkuchen und Stollen, Nikoläuse und Adventskalender in der Vorweihnachtszeit.

Im Paradies für Schokoholics würde sich manch einer sicher gerne über Nacht einschließen lassen.

Adresse Dorotheenstraße 2, 70173 Stuttgart (Mitte), Tel. 0711/242307, www.confiserie-selbach.de, info@confiserie-selbach.de | **ÖPNV** U 5, 6, 7, 12, 15, Haltestelle Schlossplatz | **Öffnungszeiten** Mo–Fr 8–18.30 Uhr, Sa 7.30–16 Uhr | **Tipp** Neben dem schon mehr als 60 Jahre existierenden Geschäft direkt an der umtriebigen Markthalle gibt es seit 2012 eine große Filiale in der Passage zwischen Schillerplatz und Königstraße.

20 Cosima Chiton Stoff Stücke

Der Mustersalon

Was für ein schönes Nähkästchen! Für alle, die Spaß an Stoffen, Farben und eigenem Design haben und sich am liebsten an die Nähmaschine setzen, bietet »Cosima Chiton Stoff Stücke« ein ausgesuchtes Sortiment für Mode, Accessoires und Wohnen. Im Laden in der Liststraße finden Handmade-Fans, Stoffverrückte und Nähsüchtige gemusterte Patchworkstoffe in großer Auswahl. Wer bislang angenommen hat, dass Polka Dots – Baumwollstoff mit Punkten, der Klassiker schlechthin – sich nicht mit Streifen kombinieren lassen, wird hier eines Besseren belehrt. Auch Karos und florale Muster oder Blümchen ergeben wunderschöne Einzelstücke.

Glücklicherweise hat es Britta Mohrmann aus privaten Gründen von Hamburg nach Baden-Württemberg gezogen, sodass nun die Stuttgarterinnen von ihrem Blick für Farben und Muster profitieren. Alles wählt sie mit Liebe aus: Meterware aus Baumwolle, Popeline, Jersey und Wachstuch, Borten und Schrägbänder, Applikationen und Bügelflicken. Was hier in der teils komplementären, teils Ton-in-Ton-Zusammenstellung wie aus einem Guss wirkt, stammt von ganz unterschiedlichen Herstellern und Designern aus den USA, Dänemark oder Frankreich. Selbst die feine Papeterie – Geschenkpapier, Bleistifte, Notizhefte, Postkarten, Schachteln – passt haargenau dazu.

Insbesondere die textilen Unikate, die Britta Mohrmann entwirft und anfertigt, beweisen ihr Gespür. Vor Ort näht sie aus den Stoffen schöne Dinge für zu Hause – die schicken Kissen, Wärmflaschen samt Hülle, Kulturtaschen und Etuis im fröhlichen Mustermix, Schnuffeltücher für Kinder und Tagesdecken machen einfach gute Laune!

Anfänger und Fortgeschrittene finden außerdem Schnittmuster und Nähanleitungen, und weil die Nachfrage da ist, gibt die studierte Ingenieurin für Bekleidungstechnik ihr Know-how bei Kursen in ihrem kleinen Nähkästchen auch gern weiter.

Adresse Liststraße 29, 70180 Stuttgart (Süd), Tel. 0711/31943512, www.cosimachiton.de, cosimachiton@gmx.de | **ÖPNV** U 1, 14, Haltestelle Marienplatz | **Öffnungszeiten** Di–Fr 11–19 Uhr, Sa 11–15 Uhr | **Tipp** Nähkurse, auch für Kids, Filzkurse sowie einen Strick- und Häkeltreff bietet Susanne Ziegler im »Kreativ-Studio« in Echterdingen an (www.kreativ-studio-ziegler.de).

21 Destillerie Kohler
Hochprozentiges aus Heumaden

Geist, Brand oder Spirituose, das ist hier die Frage! Für jedes der exquisiten Destillate sprechen zwei starke Argumente: Qualität und Aroma. Welche Rolle Handarbeit für die Qualität spielt, warum man Quitten putzen sollte und Brombeeren für das Aroma Dornen benötigen, das erfährt man in der Heumadener Destillerie aus erster Hand.

Lars Erdmann, Enkel des Gründers Eberhard Kohler, führt den Familienbetrieb fort, für den sein Großvater schon 1953 eine Konzession erwarb. Den Brenner, der an der Universität Hohenheim und der Staatlichen Lehr- und Versuchsanstalt Weinsberg ausgebildet wurde, treibt zweierlei an: Traditionsverbundenheit und ausgeprägte Neugier. Der Tradition verpflichtet bleibt er, indem er Äpfel und Birnen von den eigenen Streuobstwiesen und Obst aus der Region verarbeitet, dazu selbst gepflückte Früchte wie Brombeeren und Schlehen. Heumadener Quitte, Stuttgarter Pflaume und Zwetschge; Schwäbische Kornelkirsche und Hagebutte tragen ihre Herkunft schon im Namen.

Weil ihn aber auch die Lust am Experiment antreibt, bietet Lars Erdmann neben den Klassikern von Mirabelle bis Williams Christbirne recht ausgefallene Sorten an, dazu Spirituosen wie seinen Gin. Für den Absinth wälzte er zahllose Bücher, nahm Rückschläge in Kauf und war erst nach zwei Jahren mit dem Ergebnis zufrieden. Da er gerne nach Italien reist, steht ein Geist aus Piemonteser Haselnüssen in seiner »Aromenbibliothek«; weil er ein »Zitrusjunkie« ist, gibt's Geist aus Bergamotten, Blutorangen, Mandarinen und aus Zitronen, und weil er und seine Frau die asiatische Küche lieben, testet der Brenner gerade Varianten mit Salbei oder Koriander. Neben Obst in flüssiger Form, veredelt zu Träublebrand oder Himbeergeist, umfasst das Sortiment auch Destillate aus Blutwurz, Gebirgsenzian und Ingwer, aus Kümmel, Trester, Holunderblüten und Tonkabohnen. Fragen dazu werden in der Destillerie gerne beantwortet.

Adresse Bockelstraße 17, 70619 Stuttgart (Heumaden), Tel. 0711/4707285, www.destilleriekohler.de, info@destillerie-kohler.de | **ÖPNV** Bus 65, Haltestelle Heumaden Schule | **Öffnungszeiten** Sa 9–13 Uhr | **Tipp** Im Naturschutzgebiet Greutterwald stehen auf einer 30 Hektar großen Streuobstwiese etwa 1.400 Obstbäume vieler verschiedener Arten.

22 Di Gennaro
Genießen wie in Italien

Über dem großen Marktstand von Di Gennaro hängt der Himmel voller Schinken. Die lange Glastheke ist Anlaufstelle für Liebhaber der italienischen Küche und Produkte – das Anstellen lohnt sich! In der Auslage türmen sich Wurst und luftgetrockneter Schinken, hier wird köstlicher Käse aus allen Regionen Italiens verkauft, warten frische Pasta, hausgemachte Antipasti, Büffelmozzarella, Burrata, Salsicce oder Fenchelsalami auf wählerische Gaumen.

Auch den Brotstand erkennt man samstags schon an der Schlange von Menschen, die geduldig warten, bis sie an der Reihe sind. Im Panificio, der standeigenen Bäckerei, bietet Di Gennaro original italienisches Brot an, das ausschließlich aus Hartweizenmehl hergestellt wird. In den Regalen rundherum reihen sich Köstlichkeiten aneinander: erstklassiges Olivenöl, Wein aus den verschiedenen Anbaugebieten Italiens, Prosecco und Grappa, Pesto und Nudelsaucen. Neben den Produkten renommierter Hersteller aus Italien steht auch die Eigenmarke »Selezione Di Gennaro«; schließlich ist der Marktstand Teil eines großen Unternehmens mit Sitz in Stuttgart, das Geschäfte und Gastronomie in ganz Deutschland mit italienischer Feinkost und Wein beliefert.

Was wäre Stuttgart ohne seine beeindruckende Markthalle? Das 1911 erbaute historische Kleinod ist nur knapp dem Abriss entgangen, gilt heute aber als schönste Markthalle Deutschlands und steht unter Denkmalschutz. Auf 3.500 Quadratmetern sorgen gleich mehrere der etwa 40 Stände für südländisches Lokalkolorit und Mittelmeerflair. Schon seit 1991 ist Di Gennaro fester Bestandteil der Markthalle und quasi kulinarischer Botschafter Italiens. Wer will, kann die Marktatmosphäre gleich vor Ort genießen: bei einem Glas Wein oder Prosecco in der Vinothek gegenüber. Für den kleinen Hunger gibt's Panini, belegt mit gegrillten Zucchini und Auberginen oder mit frisch geschnittenem Rosmarinschinken.

Adresse Stuttgarter Markthalle, Dorotheenstraße 4, 70173 Stuttgart (Mitte), Tel. 0711/245497, www.digennaro.de, markthalle@digennaro.de | **ÖPNV** U 5, 6, 7, 12, 15, Haltestelle Schlossplatz | **Öffnungszeiten** Mo 9.30–18.30 Uhr, Di–Fr 8–18.30 Uhr, Sa 7.30–17 Uhr | **Tipp** Rund 40 Stände bieten französische, persische, spanische, griechische, türkische, ungarische und viele weitere Spezialitäten in der Markthalle an – von A wie Aprikosen bis Z wie Ziegenkäse praktisch alles, was man sich an Essbarem nur wünschen kann.

23 — Josef Distler Holzblasinstrumente

Der Tonmeister

In aller Pracht funkelnd und glitzernd stehen die edlen Saxofone aufgereiht im Fachgeschäft. Diverse Marken führt Josef Distler in seiner Instrumentenhandlung im Stuttgarter Süden, als einer der wenigen Proshops in Deutschland auch die Kult-Saxofone von Henri Selmer. Profimusiker schwören auf die herausragenden Instrumente der in Paris ansässigen Firma. 1929 hatte Selmer die Werkstatt von Adolphe Sax übernommen, der das Instrument 1840 erfand und es sich wenige Jahre später patentieren ließ.

Wie Klarinetten, Querflöten, Oboen, Fagotte und Blockflöten sind auch Saxofone Holzblasinstrumente. Zwar ist der Korpus aus Metall, doch der Klang wird mit einem schwingenden Holzblättchen (Rohrblatt) am Mundstück erzeugt. Trotz des umfangreichen Angebots an Instrumenten, Noten und Zubehör: Vom Verkauf allein kann niemand leben. Kern des Unternehmens von Josef Distler ist daher seine Meisterwerkstatt. Sein Handwerk hat der Holzblasinstrumentenbauer in Winnenden gelernt und nach der Lehre für verschiedene Firmen und Musikhäuser gearbeitet. Nach seiner Meisterprüfung 1981 machte er sich zunächst im Remstal selbstständig, baute im Auftrag auch neue Instrumente; vor allem aber sprach sich die außergewöhnliche Qualität der sehr präzise ausgeführten Reparaturen schon bald herum.

Heute zählt Josef Distler zu den anerkanntesten Experten für Holzblasinstrumente. Weil von ihm generalüberholte Instrumente gut und gerne 15 Jahre halten, kommen viele Musiker von weit her zu ihm, bis aus Brasilien: Selbst mit weiter Anreise ist das preiswerter, als das eigene Instrument dauernd in Reparatur zu bringen.

Mindestens ebenso gefragt sind die Veranstaltungen im Laden, bei denen es etwas über oder vom Saxofon zu hören gibt – oder bei denen man selbst mitspielen kann.

Adresse Böheimstraße 68, 70199 Stuttgart (Süd), Tel. 0711/6403740, www.josefdistler.de, info@josefdistler.de | **ÖPNV** U1, 14, Haltestelle Erwin-Schoettle-Platz | **Öffnungszeiten** Di–Fr 10–12.30 und 14–18.30 Uhr, Sa 9–13 Uhr | **Tipp** Beim Festival »Jazzopen Stuttgart« sind alljährlich auch hochrangige Saxofonisten zu Gast, von Ornette Coleman im Jahr 1994 bis zu Joshua Redman 2015.

24 Drumpoint Stuttgart
Rhythm and Groove

Zu Hause gibt's mal wieder Action. Wenn der musikalische Sechsjährige Blockflöte, Gitarre und Geige weit von sich weist, den Unterricht verweigert und nur noch mit Kochlöffeln trommelt, dann geht den Eltern ein Licht auf. Und sie bitten Ronald Zeis um Beratung beim Kauf eines Schlagzeugs für Anfänger. In der Regel empfiehlt der Inhaber von Drumpoint Stuttgart einen bereits konfigurierten Satz aus mehreren Drums und Becken, erläutert Preisunterschiede und erklärt Grundlagen.

Fortgeschrittene stellen sich ihr Drumset plus Hardware, also Beckenständer, Stative, Halterungen und Fußmaschine, je nach Stil und individuellen Vorstellungen selbst zusammen, vom kleinen Jazz-Set bis zu den riesigen Batterien von Rockbands. Mit den Profis fachsimpelt Ronald Zeis über Twin-Effect-Pedale oder Effektbecken, über Klangnuancen, technische Vorzüge und Laufeigenschaften, lässt sie Drums und Becken von Sonor, Pearl, Tama, Paiste, Sabian und Zildjian testen. Seine Ausbildung hat er im ehemaligen Radio-Musikhaus Barth absolviert und anschließend eine Drum-Abteilung geleitet, bevor er 2005 Drumpoint Stuttgart eröffnete.

Unter den Kunden sind die Musikhochschule und das Musical-Unternehmen Stage Entertainment genauso wie prominente Drummer, von Charly Antolini über Pete York, Florian Dauner von den »Fantastischen Vier« und Helge Schneider bis zu Wolfgang Haffner. Zusätzlich ist Drumpoint auch Anlaufstelle für Service und Reparatur.

Den produktiven Austausch mit der benachbarten Schlagzeugschule unter Leitung von Andy Witte schätzt Ronald Zeis sehr. Beide bestätigen, dass die Nachfrage nach Drums und Einzelunterricht gut ist: Anders als andere Musikinstrumente verliert das Schlagzeug kein Terrain gegenüber der Beschäftigung mit Elektronik. Es ist so populär, weil es mit Händen und Füßen gespielt wird: Bei vollem Körpereinsatz geht's um Koordination, Bewegung, Dynamik und – um Action.

Adresse Wilhelmstraße 9, 70182 Stuttgart (Mitte), Tel. 0711/2737600, www.drumpointstuttgart.de, info@drum-point-stuttgart.de | **ÖPNV** Bus 43, Haltestelle Wilhelm-/Olgastraße | **Öffnungszeiten** Mo–Fr 10–18.30 Uhr, Sa 10–14 Uhr | **Tipp** In den Studios der Schlagzeugschule »Drummer's Focus« macht das Lernen richtig Spaß. Schüler können die eigenen Lieblingssongs mitbringen und dazu üben.

25 __ Eckhaus
Schön von allen Seiten

»Galerie. Design. Inspiration.« – so lautet der Anspruch des Concept Stores, und tatsächlich ähnelt der Laden einer Kunstgalerie. Der Eindruck täuscht nicht, hier steht gutes Design nicht nur zum Verkauf, sondern es finden auch zwei- bis dreimal jährlich Ausstellungen von Künstlern statt.

Für die Auswahl der Objekte sind Barbara Miedaner-Hoffmann und Eva Brucklacher zuständig. Im Eckhaus (der Name bezieht sich auf die Lage in einem Eckhaus an der Hölderlinstraße) gibt es nur, was den beiden Inhaberinnen gefällt. Weil die eine Grafikdesignerin ist und die andere Innenarchitektin, ergänzen sie sich, obwohl grundverschieden, in Gestaltungsfragen auf das Harmonischste. »Schön von allen Seiten« ist das gemeinsame Motto, und damit ist mehr als nur ansprechend gemeint: Die Dinge sollen wertvoll sein, nicht im materiellen Sinn, sondern vom formalen Wert her, langlebig ohne Verfallsdatum, passend zu einer nachhaltigen Welt, konzentriert aufs Wesentliche.

Unter den stilvollen Objekten finden sich filigrane Mobiles, ausgefallene Armbänder, Ringe und Ketten, Taschen aus recycelten Segeln und Porzellan von Reichenbach, afrikanische Türstopper aus Flickenstoff oder alte indische Saris. Weiter reizen das Ästhetikzentrum im Kopf mundgeblasene Glasschalen und Glasbecher in klaren Formen und tollen Farben, kleine Sitzpuffs für Kinder, Stofftiere aus Biobaumwolle und schöne Memoryspiele.

Woran kein Zweifel besteht: Vom Kochlöffel bis zu den hochwertigen Gartenmöbeln von Fermob ist im »kleinen Kaufhaus der besonderen Dinge« alles sorgsam handverlesen. Regelmäßig wechselt, was im Laden präsentiert wird, denn die beiden Inhaberinnen sind experimentierfreudig und von der Lust am Entdecken motiviert. Inspiration finden sie auf Reisen, Messen und in Magazinen. Davon etwas weiterzugeben gelingt ihnen seit über zehn Jahren im Eckhaus.

Adresse Hölderlinstraße 40, 70193 Stuttgart (West), Tel. 0711/90713880, www.eckhaus-design.de, postamt@eckhaus-design.de | **ÖPNV** U 4, Haltestelle Russische Kirche | **Öffnungszeiten** Mo 15–19 Uhr, Di–Fr 10–13 und 15–19 Uhr, Sa 10–14 Uhr | **Tipp** Nicht verpassen sollte man die »Blickfang« genannte Designmesse, die jeweils im Frühjahr in der Liederhalle stattfindet.

26 Einklang
Wunschtöne für jede Stimmung

Im Mikrokosmos Plattenladen spielt High Fidelity, der Kultroman von Nick Hornby – und wer nicht mindestens 500 Schallplatten besitzt, dem verweigert der Besitzer und die Romanfigur Robert Fleming jeglichen Respekt.

Im Einklang dagegen wird auch gern und gut beraten, wer kein Plattensammler, Vinylsüchtiger oder Musikfreak ist. »Bester Musikladen im Ländle«, posten Fans in sozialen Netzwerken. Die Zuneigung seiner großen Stammkundschaft verdankt der Spezialist für »Klassik, Jazz & More« seiner profunden Auswahl, die ihresgleichen sucht, mindestens genauso wie der liebenswürdigen Beratung. Selbst auf stimmungsbedingte Wünsche – »Ich brauch heut was Melancholisches.« – gehen die Mitarbeiter von Inhaber Willi Wagner hier des Öfteren ein. Sie lieben und leben Musik, sogar eine Band gibt es – »The RockPoets« zusammen mit der Büchergilde. Darum findet Musik hier nicht nur auf Tonträgern statt, sondern auch regelmäßig live.

Das Einklang ist mehr als nur ein Plattenladen – ein echtes Fachgeschäft: Neben aktuellen Neuerscheinungen steht in den meterlangen Regalen auch vieles, was man in Mainstreamläden nicht findet. Die Auswahl ist riesig und nicht auf wenige Genres beschränkt: Klassik und Jazz sind die Schwerpunkte, das »& More« steht für Weltmusik und Chansons, Soundtracks, Rock und Pop, Funk, Soul, Blues ... Auch Vinylabteilung, Opernecke, CDs für Kinder, Jazz-DVDs und Hörliteratur sind im Sortiment vertreten. Allen CDs kann man an der Hörtheke oder in zwei Hörkabinen Probe lauschen. Hier macht es Spaß, sich umzuschauen und nicht nur gezielt zu suchen, sondern in aller Ruhe auch zu stöbern. Das kompetente Team zaubert nahezu jede Platte mit nur einem Handgriff hervor und hat dank des großen Fachwissens immer gute Tipps parat. Also geht man mit neuen Schätzchen fürs Plattenregal nach Hause und überlegt ernsthaft, vielleicht doch zum Sammler zu werden.

Adresse Charlottenstraße 1, 70182 Stuttgart (Mitte), Tel. 0711/2348771, www.einklang.de, info@einklang.de | **ÖPNV** U 1, 2, 4, 5, 6, 7, 12, 15, Haltestelle Charlottenplatz |
Öffnungszeiten Mo – Mi 10 – 19 Uhr, Do und Fr 10 – 20 Uhr, Sa 10 – 18 Uhr | **Tipp**
Den »Büchergilde« Buchtreff mit den schön gestalteten, oft illustrierten Ausgaben der Büchergilde und handverlesenen Titeln kleiner Verlage findet man auf der Galerie im »Einklang«.

27 Engelwerk
Kinderräume, Kinderträume

Das Schaf heißt Helmut und wird ab und zu auch bekocht. Weil in der Spielecke für Kinder neben dem Holztier mit Wuschelfell auch ein kleiner Miniherd steht, ist klar: Die Eltern können sich in aller Ruhe im Engelwerk umschauen.

Corina Kühner und Stefan Beskit haben den Laden selbst hergerichtet: Mit einfachsten Mitteln, etwa Heizungsrohren aus dem Baumarkt als Kleiderstangen, wird das Sortiment sympathisch und liebevoll präsentiert. Nach und nach wurde sogar schon vergrößert, sodass jetzt alles sehr großzügig wirkt. Auf inzwischen 150 Quadratmetern findet sich Hübsches für die junge Familie: schöne Babymode und Kinderkleidung in den Größen 50 bis 134, also für Neugeborene bis zu Schulkindern. Nicht alles, was an Textilien im Regal hängt, hat schon Bioqualität, aber die beiden Inhaber versuchen, weitestgehend ökologisch und regional einzukaufen. Disana aus Lichtenstein am Albtrauf etwa fertigt seit über 25 Jahren Baby- und Kindertextilien aus möglichst naturbelassenen Stoffen. Rund zwei Dutzend Labels sind vertreten, teils skandinavisches Design, teils Marken wie byGraziela, an die sich Mütter und Großmütter noch aus den 1970er Jahren erinnern. Und wer sich für Waldorfpädagogik interessiert, wird hier schönes Holzspielzeug von Grimm's und Ostheimer finden.

Außerdem gibt es Wohnaccessoires und die formschönen Kindermöbel der dänischen Firma Leander – wie Babybett, Hochstuhl oder Wickeltisch – sowie die unverwüstlichen Sitzwürfel von Perludi, einer österreichischen Firma. Das steckbare Möbel bietet großen Spielraum, ob als Kaufmannsladen, Tisch, Regal oder Hocker – die Einsatzmöglichkeiten sind so unendlich wie Kinderphantasien.

Unwillkürlich jedem ein Lächeln aufs Gesicht zaubern die tollen Kinderfotos an den Wänden. Sie stammen aus dem Studio Orel, in dem Corina Kühner früher als Mediengestalterin arbeitete. Wie Schaf Helmut stehen sie allerdings nicht zum Verkauf.

Adresse Falkertstraße 54, 70176 Stuttgart (West), Tel. 0711/41461168, www.engel-werk.de, info@engel-werk.de | **ÖPNV** U 4, Haltestelle Rosenberg-/Seidenstraße | **Öffnungszeiten** Mo–Fr 10–18.30 Uhr, Sa 10–15 Uhr | **Tipp** Das »Junge Ensemble Stuttgart« (JES) ist Deutschlands größtes Kinder- und Jugendtheater. Es hat seine Spielstätte mit drei Bühnen im Kulturareal unterm Turm.

28 — The English Tearoom
It's Teatime

»Prince William Blend« heißt eine der eigenen Hausmischungen, denn am Hochzeitstag des britischen Thronfolgers mit Kate Middleton öffnete das Teegeschäft im Heusteigviertel erstmals seine Pforten. Die Inhaber Lynn und Christian Hazlewood wollen Tee nicht nur verkaufen, Tee ist ihre Leidenschaft. Ihre Blends lassen sie nach eigenen Wünschen mischen, bis der aufgegossene Tee ihren Vorstellungen entspricht. So gibt es Irish Breakfast für all diejenigen, die es kräftiger mögen, Afternoon Tea, Earl Grey Zitrus und andere eigene Blends – für Neugierige auch als Probierpaket.

Wer den Laden (ein sehenswert hübsches Schmuckkästchen) betritt, dem wird ein Tee angeboten – so macht man gern neue Entdeckungen! Auf den Geschmack gebracht kann man bei Tea Tastings sein Wissen erweitern; bei den schnell ausgebuchten Verkostungen teilen die Hazlewoods ihre Passion auf ansteckend-sympathische Weise mit den Teilnehmern.

Das qualitativ hochwertige Angebot umfasst Oolong und Pu-Erh-Tee, schwarze, grüne und weiße Tees – nach orthodoxer Methode hergestellt, bei der die Teeblätter möglichst heil bleiben; maschinell produzierte Tees sind dagegen meist stark und bitter. Kräutertees gibt es hier nur in Bio- und Arzneimittelqualität; Lieferanten sind dabei schwerer zu finden, als man denkt. Very british ist das Geschäft insofern, als man hier auch leckere Scones, Shortbread und die schönen Teeservice von Wedgwood erhält, daneben ergänzen Teedosen, Schalen und Kannen aus Japan das ausgesuchte Sortiment.

Zu den Teeplantagen pflegt man gute Beziehungen, denn der Großhandel mit seinen langen Lagerzeiten liefert nicht die gewünschte Frische. Die Hazlewoods gehen dafür selbst auf Reisen, zuletzt nach Japan und in die Darjeeling-Region, demnächst nach Taiwan und China. Und obwohl die Queen bei ihrem Deutschlandbesuch nicht nach Stuttgart kam, gibt es seither auch eine königliche Mischung, »Her Majesty's Blend Number One«.

Adresse Weißenburgstraße 29, 70180 Stuttgart (Heusteigviertel), Tel. 0711/51874006, www.the-english-tearoom.de, hello@the-english-tearoom.de | **ÖPNV** U 1, 14, Haltestelle Österreichischer Platz | **Öffnungszeiten** Di–Fr 11–19 Uhr, Sa 10–18 Uhr | **Tipp** Wer nicht nur Teeliebhaber, sondern auch Hundehalter ist, spendiert seinem vierbeinigen Freund ein Treatment in der »DOG beauty-lounge« an der Neuen Weinsteige.

29 __ épicerie fine
Essen wie Gott in Frankreich

Nur Zwiebelrostbraten, Maultaschen und Spätzle im ganzen Ländle? Ha noi! A gloines Lädle hert net uf, dene Stuagerder Mores zom lehra. Nirgendwo hat die Landeshauptstadt mehr französisches Flair als in einer kleinen Épicerie im Heusteigviertel. Und weil die Stuttgarter trotz schwäbischer Bodenständigkeit die ausgeprägte Fähigkeit, zu genießen, besitzen, ist der kleine Feinkostladen eine Instanz für den Wochenendeinkauf – jedenfalls für all jene, die eher auf Qualität als auf den Preis achten. Im hübsch gekachelten, nostalgischen Eckladen mit großen Rundbogenfenstern – früher eine Bäckerei – überzeugt die große Auswahl kulinarischer Köstlichkeiten aus dem Nachbarland. Das Angebot für Frankophile und Genussmenschen reicht von Wurst und Pasteten über Rohmilchbutter, Senf, Konfitüren und Honig bis zu Wein – fachkundige Erläuterungen inklusive – und umfasst morgens auch ofenfrische Croissants, Pains au chocolat und Baguette.

Le petit bonheur, das kleine Glück, besteht ja manchmal schon aus einer Pâté mit Preiselbeeren und Birne oder einem Stück Brot und Käse: In der Auslage sorgen Bleu des Pyrénées und Brie, Chaource und Coulommiers, Taupinette de chèvre und Tomme für die Qual der Wahl.

Doch auch, wer Lust auf gehobene französische Küche mit Pfiff verspürt, ist hier richtig; mittags wandeln sich die zwei kleinen Räume zum Bistro. Wahlweise servieren Cornelia und Gerd Hebener ein ganzes Menü oder auch nur einzelne Gänge. Man speist ganz unkompliziert, aber exzellent an einigen Stehtischen. Für Gaumenfreuden sorgen die täglich wechselnden Vorspeisen und Mittagsgerichte wie Melonensuppe mit Bayonne-Schinken, Entenbrust mit Ingwer und Pflaumen, Speckpfifferlinge in Estragonrahm oder Jakobsmuscheln mit Kokoscreme und Basilikumsoufflé. Nicht zu vergessen die verführerischen Desserts wie weiße Mousse au Chocolat mit Himbeeren und Minze oder Apfeltarte mit Mandel-Nuss-Krokant. Vive la France!

Adresse Olgastraße 136, 70180 Stuttgart (Süd), Tel. 0711/3803383, www.epiceriefine.de, kontakt@epiceriefine.de | **ÖPNV** Bus 43, Haltestelle Markuskirche | **Öffnungszeiten** Di–Fr 9–19 Uhr, Sa 9–15 Uhr | **Tipp** In der »Zauberküche« an der Neuen Weinsteige serviert Nalan Dogan türkische Vorspeisen und andere leckere Kleinigkeiten.

30 Espressoladen
Noch ein Tässchen?

Morgenmuffel genießen einen frisch aufgebrühten Espresso im Stehen als Wachmacher, für die Nachbarn in der Sophienstraße ist in der Mittagspause Coffeetime. Neben Espresso namhafter Produzenten können auch die Sorten der Eigenmarke Kibato probiert werden, wie »Santos« aus Arabica-Bohnen. »Glory Halleluja« dagegen ist ein fair gehandelter, kräftig-aromatischer Bio-Espresso aus Kamerun, der zu 100 Prozent aus Robusta besteht. Auf dem Weg vom Genießer zum Kenner lernt man im Espressoladen unter anderem, dass nicht nur aus Arabica-Bohnen eine Spitzenqualität hergestellt werden kann. Und nimmt erstaunt zur Kenntnis, dass auch Wildkaffee aus Äthiopien zum Sortiment gehört. Von Wildlachs oder Wildspargel hörte man ja bereits, dass sie besondere Geschmackserlebnisse verheißen, beim Kaffee hingegen ist es noch ungewohnt, spezielle Auslesen zu schmecken und zu genießen.

Doch der Espressoladen ist kein Café, in der langen Regalwand macht eine blitzende Maschine der anderen Konkurrenz. Welche Rolle Siebträgermaschinen, aber auch das Wasser und die Bohnen spielen, erfahren Kaffeegourmets bei Interesse ebenfalls. Denn Marion Erwerle und ihre Kollegen nehmen sich viel Zeit, um die Kunden zu beraten. Zwar benötigt man keine Barista-Ausbildung, um zu Hause guten Espresso zuzubereiten, doch die beste Macchina nützt wenig, wenn man sie nicht richtig bedient. Ein tolles Extra für jeden Espressofan: Für Marion und Erich Erwerle gehört es zum Dienst am Kunden, einen Reparaturservice anzubieten und so den Maschinen eine lange Lebensdauer zu garantieren. Zudem gibt es vom Milchkännchen bis zur Kaffeemühle allerhand praktisches Zubehör; selbst wer nur eine Dichtung braucht, wird fündig. Für die Eigenmarke wird in der eigenen Espressomanufaktur in Hohenhaslach nur hochwertiger Rohkaffee nach italienischem Vorbild langsam geröstet und sorgfältig veredelt. Bei so viel Aroma ruft auch der Morgenmuffel Halleluja.

Adresse Sophienstraße 20, 70178 Stuttgart (Mitte), Tel. 0711/6070973, www.espressoladen.de, www.kibata.de, info@espressoladen.de | **ÖPNV** U 1, 14, Haltestelle Österreichischer Platz | **Öffnungszeiten** Mo–Fr 9.30–19.30 Uhr, Sa 9–16 Uhr (geänderte Öffnungszeiten in der Ferienzeit!) | **Tipp** Im »Ristorante Perbacco« in der Tübinger Straße kommen anspruchsvolle italienische Gerichte in schick-urbanem Ambiente auf den Tisch.

31 Feinwerk
Das kreative Quartett

Der große Webstuhl und die Goldschmiedewerkbank verraten es gleich: Das Feinwerk ist ein klassischer Atelierladen, in dem alles, was zum Verkauf steht, vor Ort produziert wird. Hier sind es gleich vier »Handwerker«, die dank Phantasie und Know-how mit ihren Händen kleine Kunstwerke erschaffen. Die vier Kreativen sind Spezialisten für »Erlesenes«, wie der selbst formulierte professionelle Anspruch lautet.

Aus Baumwollchenille und anderen Naturmaterialien webt Simone Mack wunderschöne Textilien mit Gebrauchswert, etwa Tischsets, Kissenbezüge, mit Stoff gefütterte Täschchen oder wärmende Capes in leuchtenden Farben. In Apfelgrün und Pink wirkt eine alte Webtechnik gleich modern und frisch (www.altes-handwerk-frisch-gewebt.de).

An Kristina Heermeyers Nähmaschine entstehen niedliche Schürzenkleidchen und hübsche Nickijacken mit liebevollen Details für Kinder. Zunehmend entwirft die Schneidermeisterin auch Kollektionsteile für Erwachsene.

Die Goldschmiedin und Schmuckdesignerin Katrin Wacker fertigt Schmuck mit Charakter in klaren geometrischen Formen. Aus mattem Silber und warm leuchtendem Feingold entstehen so tragbare und zeitlose, dabei auffallende Ringe, Anhänger und Ketten (www.schmuck-katrinwacker.de).

Mo Matoshi ist Schöpfer von Notizbüchern, Mappen und Boxen aus Papier und Karton (www.momatoshi.com), auch mal mit einem alten Winnetou-Cover als Einband. Denn Upcycling ist sein Thema: Im Cross-over zwischen Kunst und Produktdesign verwandelt sich das Innenleben von Büchern unter seinen Händen in filigrane Vasen.

Zwar verarbeitet das Quartett unterschiedliches Material zu Unikaten und Kleinserien, aber jeweils bis ins Detail durchdacht und von hoher handwerklicher Qualität. Weil alle vier den Austausch schätzen, kommt es immer mal wieder zu projektbezogener Zusammenarbeit untereinander, nicht nur anlässlich der gemeinsamen Ausstellungen zweimal im Jahr.

Adresse Senefelder Straße 74a, 70176 Stuttgart (West), Tel. 0711/91264891, www.dasfeinwerk.de, info@dasfeinwerk.de | **ÖPNV** U 2, 9, Haltestelle Schloss-/Johannesstraße | **Öffnungszeiten** Di–Fr 10–18 Uhr, Sa 10–14 Uhr | **Tipp** Die Rösterei »Mókuska Caffè« in der Johannesstraße versorgt mit frisch gebrühtem Kaffee, vor Ort oder to Go.

32 — Floristikmanufaktur Blattgold

Stielecht: Blühende Ideen

Draußen verschönern Topfpflanzen den Bürgersteig, drinnen bringen Schnittblumen mit bunten Blüten Farbe in den hübsch gestalteten Laden. Auf dem großen Tisch, den weiß gestrichenen Holzpaletten und in den Holzkisten an der Wand dienen einzelne Töpfe mit Kängurupfötchen oder rotem Klee und perfekt zur Jahreszeit passende Pflanzenarrangements als Blickfang.

Was unterscheidet eine Floristikmanufaktur von einer Blumenboutique? Dass hier keine Fertigsträuße vom Großmarkt auf Käufer warten, sondern alles von Hand gebunden, gesteckt oder zu Kränzen geflochten wird. Bei der Gestaltung vertraut Nina Seemann ganz auf die Wirkung ihres pflanzlichen Materials. So entstehen natürliche Sträuße ohne Schnickschnack, liebevoll arrangierte Blumengeschenke und auch mal ein Gesteck mit knorrigem Holz. Dafür verwendet sie vorzugsweise Regionales und Saisonales: Statt exotischer Blüten aus der Ferne wählt Nina Seemann gerne heimische Raritäten wie Knallerbsen, Nadelkissen, Mohnkapseln oder Zierkohl.

Bestellungen für festliche Anlässe und von Firmen spielen eine recht große Rolle. Beim Erstgespräch für den Brautstrauß oder die Tischdekoration für eine Familienfeier kann man in der kleinen Sitzecke durch mehrere Fotobände blättern – jedes Jahr kommt ein neues »Blattgold-Album« dazu.

Zum Konzept, den Pflanzen nicht die Schau zu stehlen, passt auch die kleine Auswahl an besonderen Übertöpfen und Vasen in Naturtönen. Tulpen im Herbst oder künstlich blau gefärbte Rosen? Das muss nicht sein, meint die Floristin, die sich ihr Handwerk selbst angeeignet hat. Schon als Kind hatte sie einen Hang zu Natur, Garten und Dekoration: Die Fotos ihrer »vergänglichen« Arbeiten zeigen, dass Nina Seemann heute selbst simple Gewächse wie Stiefmütterchen sensationell inszenieren kann.

Adresse Vogelsangstraße 57, 70197 Stuttgart (West), Tel. 0711/93594189, www.ninaseemann.de, info@ninaseemann.de | **ÖPNV** U 2, 9, Haltestelle Arndt-/Spittastraße | **Öffnungszeiten** Di–Fr 10–18 Uhr, Sa 10–14 Uhr | **Tipp** Für eine Verschnaufpause bietet sich das »Café Seyffer's« gleich gegenüber an.

33   France Meubles – La Maison

Lieblingsstücke für Connaisseure

In Frankreich lässt es sich göttlich leben – und schöner wohnen, sagt man. Was Fans des Savoir-vivre bei France Meubles – La Maison in der Liststraße finden, würde in Paris vier, fünf oder mehr Läden füllen. In einem gäbe es Düfte, Seife und Kosmetik, im nächsten Silber und Glas, Windlichter und Kerzen, im dritten Tisch- und Bettwäsche, im vierten Küchenutensilien und Porzellan.

Der Concept Store von Pierre-Olivier Baron Languet vereint die gesamte Welt des Wohnens: Außer hellen Möbeln im Landhausstil machen hübsche Accessoires und Porzellan für Küche und Esstisch richtig Lust aufs Einrichten. Alle Produkte stammen aus traditionsreichen Manufakturen – der aus dem Burgund stammende Franzose ist schon damit aufgewachsen, weil es bereits die Lieblingshersteller von Großmutter, Mutter, Tanten, Cousinen waren.

Was er führt, hat er mit Bedacht ausgesucht: Das induktionsfähige Porzellan von Revol beispielsweise wurde speziell entwickelt; die Porzellanplatten in Schieferoptik sind im Gegensatz zu echtem Schiefer backofen- und tiefkühlfest, hitzebeständig und nicht porös. Weitere Highlights unter all den wunderschönen Dingen sind Laguiole-Messer und Kupferpfannen, Backformen von Mauviel und Champagnergläser der Verrerie de la Marne.

Die hochwertige Bettwäsche von Blanc des Vosges wird aus feinem Perkal gefertigt, ein mit 80 Fäden pro Quadratmeter dicht gewebter, dennoch sehr leichter Baumwollstoff. Hinzu gesellen sich Seifen der Savonnerie de Bormes und die »Parfums de Maison« von Lampe Berger, nicht nur Raumdüfte, sondern auch Luftreiniger, die ursprünglich zur Desinfizierung in Krankenhäusern entwickelt wurden. Stück für Stück soll das Sortiment noch erweitert werden, um gusseiserne Bräter etwa und um Gartenmöbel. Dann wäre es wohl an der Zeit, die Liststraße in Rue de la France umzubenennen.

Adresse Liststraße 25, 70180 Stuttgart (Süd), Tel. 0711/51878832, www.lamaison-wohnen.de, info@lamaison-wohnen.de | **ÖPNV** Bus 43, Haltestelle Markuskirche; U1, 14, Haltestelle Marienplatz | **Öffnungszeiten** Mo–Fr 10–19 Uhr, Sa 9.30–16 Uhr | **Tipp** Das »Institut Français« am Berliner Platz zeigt französische Filme und bietet Einzelunterricht und Sprachkurse an.

34_ FRAU BLUM
Gemüse aus Silikon

Einladend steht die Tür offen zum Laden von Alexandra Steinmann und Mascha Hülsewig, die, gewandet in Uniform, im Stuttgarter Westen Erwachsenenspielzeug und erotische Accessoires verkaufen. Wer einen herkömmlichen Sexshop oder ein plüschiges Boudoir erwartet, liegt völlig falsch: Stattdessen betritt man eine stylish eingerichtete Boutique Érotique mit Bar und Sitzecke – charmant dekoriert und überraschend groß.

Denn die lichten Räume bieten Platz für ein buntes Programm, darunter Tantra-Workshops und Burlesque-Schnupperkurse ebenso wie private Junggesellinnenabschiede und Mädelsabende. Bei Sekt und Canapés plaudert es sich gleich viel beschwingter über Lovetoys, weibliche Phantasien und erotische Geheimnisse. Daneben wird regelmäßig eine kleine Bühne aufgebaut für Künstler, die sich mit Lust und Liebe beschäftigen. Solche kulturellen Events sind für viele Kundinnen der Türöffner, sich extravagante Dessous anzuschauen oder den Erwerb von Seidenfesseln, Plüschhandschellen, Augenbinden oder einer Lederpeitsche in Erwägung zu ziehen.

Ob Silikon-Toys, vegane Kondome oder die Gleitcreme der Eigenmarke: Verkauft wird nur, was unabhängige Institute geprüft haben. Im überregulierten Deutschland zwar kaum nachvollziehbar – aber ausgerechnet die »Schmuddelecke« unterliegt kaum Beschränkungen, sodass viele Billigprodukte bedenkliche, schlimmstenfalls gesundheitsschädliche Bestandteile enthalten. Bei Frau Blum gibt's nur Hochwertiges von kleinen Herstellern, die maßgefertigten Korsagen der Korsettmanufaktur TO.mTO von Tonia Merz aus Berlin, eine große Auswahl an Nipple Pasties vom Berliner Label Feisty Cat und die poppig designten Vibratoren von Lelo und Fun Factory. Ein echter Renner sind die Gemüse- und Obstdildos, hergestellt in der Dresdner Manufaktur SelfDelve von Anja Koschemann, in Form von Auberginen, Bananen, Möhren oder Mais.

Adresse Reuchlinstraße 11, 70178 Stuttgart (West), Tel. 0711/50476920, www.fraublum.de, info@fraublum.de | **ÖPNV** S 1, 4, 5, 6, 60, Haltestelle Schwabstraße | **Öffnungszeiten** Mo–Fr 10–19 Uhr, Sa 10–16 Uhr | **Tipp** Das Kulturzentrum »Merlin« ist die Bühne für Konzerte und Lesungen, Kabarett und Kindertheater, Filme und Festivals, vom Mitmachmärchen bis zum Sommermusikfestival Klinke.

35 — Fresh Shoes
Perfekt auftreten

Stuttgarts kleinstes Schuhfachgeschäft versteckt sich im Parterre eines Altbaus in der Olgastraße. Im Angebot sind rahmengenähte Konfektionsschuhe für Herren und Damen: lässige Velourboots, Winterboots mit Lammfellfutter, italienische Loafer aus Hirschleder und Herren-Mokassins. Oder soll es ein unverwüstlicher Blücher, ein Derby in Kroko-Optik, ein klassischer Oxford, sportlicher Norweger oder überknöchelhoher Chelsea sein? Besonders elegant wirken »One Cuts«, also aus einem einzigen Stück Leder gefertigte und nur an der Ferse vernähte Halbschuhe. Was die Modelle verschiedener Manufakturen aus Italien und Spanien eint, sind der edle Look, hoher Tragekomfort, hochwertiges Leder, Langlebigkeit und sorgfältige Verarbeitung. Bei Fresh Shoes findet sich nur, was den hohen Ansprüchen an Qualität und Passform von Manfred Meyer genügt. Trotz der begrenzten Zahl an Marken bieten seine Qualitätsschuhe auf der Basis verschiedener Leisten eine große Vielfalt an Passformen – das A und O für gesundes und bequemes Gehen.

Solche Schuhe werden zu Lieblingsstücken, die ihren Trägern über lange Jahre Freude bereiten und die es sich lohnt, zur Reparatur zu bringen. In seiner Werkstatt nimmt sich der Schuhmachermeister beschädigter Schuhe und Stiefel an, führt Zubehör, zum Beispiel Spezialeinlagen für Halluxgeplagte, Velourspray und Lederöl, Schuhcreme, um Fehler auszubessern oder die Farbe aufzufrischen.

Außerdem fertigt Manfred Meyer Gürtel aus Vollleder an und – die hohe Kunst seines Handwerks – Maßschuhe. Dafür werden Fußabdruck und Maße von Träger oder Trägerin genommen, ein individueller Leisten gefertigt und Leder und Modell ausgewählt. Hat man einmal den Tragekomfort handgemachter und individuell angepasster Schuhe kennengelernt, kommt danach anderes Schuhwerk gar nicht mehr in Frage. Trotz teurer Anschaffung: So ein Schuh kann bei guter Pflege ein Leben lang halten.

Adresse Olgastraße 33, 70182 Stuttgart (Mitte), Tel. 0711/2364422, www.freshshoes.de, mail@freshshoes.de | **ÖPNV** U5, 6, 7, 12, 15, Haltestelle Olgaeck | **Öffnungszeiten** Mo–Fr 9.30–12.30 und 13.30–19 Uhr, Sa 9.30–13 Uhr | **Tipp** Offensichtlich nicht mehr gut zu Fuß ist König Wilhelm II.: Das Denkmal von Hermann-Christian Zimmerle vor dem Wilhelmspalais zeigt ihn mit Gehstock.

36 Fröhlich Kaffeerösterei
Eine Kunst für sich

Was wäre das Wiener Kaffeehaus ohne das Silbertablett mit einem kleinen Schwarzen oder großen Braunen? Und was die italienische Kaffeekultur ohne den Barista und seine Siebträgermaschine? Die lauwarme Hotelplörre aus der Thermoskanne dagegen ist echten Kaffeegenießern verhasst. Bei Meike Fröhlich im Stuttgarter Westen gibt es alles, was man zum perfekten Kaffeegenuss braucht: ausgewählte Sorten und gutes Zubehör, feines Gebäck und Schokolade. Doch ob ein Kaffee erstklassig wird, liegt nicht nur an der verwendeten Sorte, sondern beginnt schon bei der Röstung.

Während in den Großröstereien mehrere Tonnen Rohkaffee in wenigen Minuten bei sehr hohen Temperaturen (bis zu 600 Grad) geröstet werden, füllt Vater Manfred Fröhlich die grünen Kaffeebohnen kiloweise aus den Jutesäcken in den roten, raumhohen Trommelröster. Darin werden sie bei niedrigen Temperaturen (um 210 Grad) etwa 15 bis 20 Minuten geröstet. Denn je schonender Rohkaffee zu Röstkaffee veredelt wird, desto besser entwickeln sich die Aromen. Den Bräunungsgrad der Bohnen prüft der konzentriert arbeitende Röstmeister ständig mit einem kleinen Schieber. Weil jede Sorte sich bei einem anderen Röstgrad optimal entfaltet, hängt der perfekte Geschmack von Sekunden ab. In den Basis- und Feinschmecker-Kursen der Rösterei erfahren Kaffeegenießer daher nicht nur Wissenswertes über Sorten und Anbaugebiete, sondern auch über Röstung und Mahlgrade sowie die verschiedenen Brühmethoden mit Kannen, Filtern und anderen Gefäßen.

Weil sich auch lange Lagerung auf die Qualität auswirkt, röstet Manfred Fröhlich immer nur kleine Mengen. Die Möglichkeit, den Kaffee frisch für den baldigen Verbrauch zu beziehen, schätzen auch Gastronomen wie Vincent Klink. 2015 konnte die Kaffeerösterei Fröhlich schon ihr 15-jähriges Jubiläum feiern. Ihre hauseigene Wiener Kaffeehausmischung läuft bestens – den Stuttgartern ist guter Kaffee etwas wert.

Adresse Gutenbergstraße 120, 70197 Stuttgart (West), Tel 0711/6586885, www.froehlich-kaffee.de, info@froehlich-kaffee.de | **ÖPNV** S 1, 2, 3, 4, 5, 6, 60, Haltestelle Schwabstraße | **Öffnungszeiten** Mo, Di, Do, Fr 10–18 Uhr, Mi 10–13.30 Uhr, Sa 9–13.30 Uhr | **Tipp** Ganz klar: Zum genussvollen Sonntagsbrunch im Biorestaurant »Lässig« am Markt am Vogelsang gehört – Kaffee von der Rösterei Fröhlich.

37_galerie fifty fifty
Möbel mit Geschichte

Wie man es von einem Geschäft erwarten kann, das sich Galerie nennt, findet man hier Stücke von namhaften Designern. Wolfgang Steck und Diana Balser-Steck haben sich auf originale Möbelklassiker aus dem 20. Jahrhundert spezialisiert, Sideboards, Tische, Hocker, Armchairs und Sofas, teils auch Leuchten und Glas. Im Herbst 2015 konnten sie ihr 30-jähriges Geschäftsjubiläum feiern: Wie der Zusatz »fifty fifty« nahelegt, standen anfangs die 1950er Jahre im Zentrum, und die Inhaber kauften zunächst auch Nierentische, Tütenlampen und diversen Kleinkram auf Flohmärkten. Im Lauf der Jahre erweiterte sich ihr Spektrum auf das ganze 20. Jahrhundert und fokussierte sich auf berühmte Originale, sodass das Ehepaar Designklassiker inzwischen auch an Museen und Sammlungen verkauft.

Klassiker kommen nicht aus der Mode, und amerikanische, skandinavische und französische Originalmöbel von Designern wie Charles und Ray Eames, Arne Jacobsen, Alvar Aalto, Finn Juhl oder Verner Panton sind gesuchte Sammlerstücke (oder Statussymbole). Weil Retro-Lust und Nachfrage wachsen, die Anzahl verfügbarer Möbeloriginale aber beschränkt ist, haben die Preise sehr angezogen. Für die Stecks ist ihr Geschäft sehr international geworden: Kam früher mal jemand aus Tübingen zu ihnen, sind heute Anfragen aus Australien und den USA, Korea und Japan keine Besonderheit.

Die begrenzte Auswahl in der Olgastraße sollte nicht täuschen, im Lager warten weitere Schätze auf Käufer. Mittlerweile ist der Einkauf aufwendiger als der Verkauf, erfordert zeitintensive Recherche und gute Kontakte in Brüssel, Amsterdam, Paris und New York. Teils muss Wolfgang Steck wegen der Preisentwicklung auch als Händler passen; besonders bei Auktionen entwickelt sich eine unglaubliche Dynamik. Aber auch auf Messen muss er schnell agieren und sofort zuschlagen, damit in der galerie fifty fifty weiterhin Designmöbel im Angebot sind.

Adresse Olgastraße 47, 70182 Stuttgart (Mitte), Tel. 0711/2369908, www.galerie-fiftyfifty.de, steck@galerie-fiftyfifty.de | **ÖPNV** U 5, 7, 12, 15, Haltestelle Olgaeck | **Öffnungszeiten** Di – Fr 14–19 Uhr, Sa 11–16 Uhr | **Tipp** Im »Haus Le Corbusier«, Teil der »Weißenhofsiedlung«, wurden in einer Haushälfte die ursprüngliche Raumaufteilung und Farbgebung sowie ein Teil der Einrichtung wiederhergestellt.

38 Gelateria Kaiserbau
Dolce Vita am Marienplatz

An schönen Tagen ähnelt der Marienplatz einer italienischen Piazza – auf Mäuerchen und Stufen hocken Menschen, die Terrassenplätze der Lokale sind alle belegt, und vor der Gelateria Kaiserbau hat sich eine lange Schlange gebildet. Geduldig stehen Groß und Klein vor der Theke an, um die Eisdiele mit Kugeln in der Waffel oder im Becher und glücklichem Lächeln wieder zu verlassen. Denn in einer der unkonventionellsten Eisdielen der Stadt sind nicht nur Vanille, Schokolade und Erdbeer im Angebot. Den ganzen Sommer über gibt es hier eine große Auswahl an hausgemachtem, täglich frischem Gelato in teilweise recht ausgefallenen Sorten wie Yuzu-Eis, Olivenöleis mit Kürbiskernen oder Ziegenmilcheis. Eisfans können zwischen cremigen Varianten wie Salz-Karamell, Quarkeis mit Kirschen, Erdnuss- oder Zimteis wählen, die fruchtigen Sorten probieren oder sich mit Frozen Joghurt abkühlen. Sind Namen wie Rhabarber-Gin, Ingwer-Birne, Balsamico-Zitrone, Brombeer-Apfel und Avocado-Limette nicht die pure Poesie?

Dass sich die karge und zunächst heftig umstrittene Betonfläche zum Szenetreff und zur urbanen Sonnenterrasse des Stuttgarter Südens entwickelt hat, daran ist Francesco Troiano zu großen Stücken beteiligt. Am Marienplatz betreibt der gebürtige Italiener zusammen mit seiner Geschäftsführerin Martina Schneider das Café Kaiserbau, morgens als Kaffeebar, mittags als Restaurant mit mediterranen Gerichten, Pasta und Salaten, und immer als Café, Bar und Vinothek. Sein Reich ist über die Jahre gewachsen – unlängst kam mit L.A. Signorina noch eine Pizzeria hinzu.

Noch im Jahr 2003 rühmte nur die Stadt die Neugestaltung des Platzes durch Architekt Heinz Lermann als »frei und mediterran«. Es dauerte, bis der Ort angenommen wurde; heute lässt man es sich hier gut gehen: Frühstück gibt's im Café Kaiserbau schließlich bis 12 Uhr und am Wochenende sogar bis 17 Uhr. Dolce Vita können auch die Schwaben.

Adresse Marienplatz 14, 70178 Stuttgart (Süd), Tel. 0711/6338383, www.cafe-kaiserbau.de, info@cafe-kaiserbau.de | **ÖPNV** U 1, 14, Haltestelle Marienplatz | **Öffnungszeiten** Mo–Sa 8.30–1 Uhr, So 10–1 Uhr (im Winter So 10–18 Uhr), Gelateria März bis Oktober | **Tipp** In der Pizzeria »L.A. Signorina« wechselt die Karte vier Mal im Jahr. Die »roten« Pizzen basieren auf Tomatensauce, »weiße« haben als Grundlage Crème fraîche oder Käse, beide mit originellen Belägen.

39 Gewand
Fundus mit Vergangenheit

»Wenn ich nur sehe, wie sich das Gewand um ihre Formen schmiegt, wie es bei ihrem Gange wallt …« Das Zitat auf dem Schaufenster stammt aus einer Novelle von Jens Peter Jacobsen, in der es auch um seidenumhüllte Knie und wogende Spitze geht, um Knöpfe aus Topas und flatternde Bänder.

Es signalisiert, dass es in den Kostümverleih von Elisabeth Oechsle nur Vintagestücke mit dem gewissen Etwas schaffen, Abendgarderobe mit Glamour-Faktor, Modeklassiker und Retro-Raritäten. Ihr Fundus an Outfits für Männer und Frauen umfasst originale Kleidungsstücke aus der Zeit von 1900 bis in die 1980er Jahre, teils auch von fast vergessenen deutschen Designern wie Wolf H. Busse, Rosa Ronstedt und Beatrice Hympendahl.

Mit großen Roben und Anzügen ist es dabei nicht getan. Um den Look vom Scheitel bis zur Sohle perfekt durchzustylen, versorgt die Inhaberin auch mit Hut und Handtasche, Schuhen oder Sonnenbrille. Ein paar Faschingskostüme von der Piratenmontur über die Mönchskutte bis zum Indianerdress hat sie zwar vorrätig, aber da Stuttgart keine Karnevalshochburg ist, greifen darauf eher mal Leute zurück, die es zum Feiern nach Köln zieht. Seit die großen Bekleidungsketten Retromode massenweise als Neuware produzieren, hat die Inhaberin auch das Secondhand-Geschäft reduziert.

Neben Privatleuten leihen auch Studenten der Filmakademie in Ludwigsburg und Fotostylisten hier Mode aus. Wer sich bei Elisabeth Oechsle für eine kleidsame Verwandlung ausstatten will, ob für ein Fifties-Mottofest oder eine Golden-Twenties-Hochzeit, macht einen Termin bei ihr aus. Den Kostümverleih betreibt sie seit 1999; damals hat sie mit einer Kleiderstange angefangen, heute wird jeder Zentimeter im Laden genutzt. Ließe sie jeden Kunden selbst suchen, müsste der Laden wohl fünf Mal so groß sein. Für den vereinbarten Termin sucht sie daher vorab Gewänder heraus – die sich dann tatsächlich um die Formen schmiegen.

Adresse Vogelsangstraße 31, 70176 Stuttgart (West), Tel. 0711/6157842, www.gewand-stuttgart.de, info@gewand-stuttgart.de | **ÖPNV** U 2, 9, Haltestelle Schwab-/Bebelstraße | **Öffnungszeiten** Di, Do, Fr 13–19 Uhr | **Tipp** Die »Speisekammer West« in der Rosenbergstraße punktet durch innovative deutsche Küche aus fast ausschließlich regionalen Zutaten.

40 __ Glore
Fair fetzt

Ausschließlich fair gehandelte Teile hängen an den Kleiderstangen, denn Glore – die Abkürzung steht für »globally responsible fashion« – vertritt ein klares Konzept: Verkauft werden nur fair und ökologisch produzierte Kleidungsstücke. Fair heißt, dass jeder an der Herstellung Beteiligte – vom Baumwollbauern über den Färber bis zur Näherin – einen existenzsichernden Lohn erhält und unter sicheren und sozialen Bedingungen arbeitet, ohne Ausbeutung oder Kinderarbeit. Überdies müssen die Kleidungsstücke aus ökologischen Materialien bestehen und umweltschonend weiterverarbeitet sein. Der große Pluspunkt: Das Klischee vom langweiligen »Öko-Outfit« trifft dabei längst nicht mehr zu. Nachhaltigkeit ist die Basis, doch es geht tatsächlich um Mode – ins Sortiment kommen nur Marken mit Sinn für Farben und Schnitte.

Weil überwiegend Bio-Baumwolle (oft GOTS-zertifiziert, also nach dem »Global Organic Textile Standard«) verarbeitet wird, finden Frauen und Männer hier vor allem schöne, langlebige und gut verarbeitete T-Shirts, Hemden und Blusen, Röcke und Hosen. Dazu eine kleine Auswahl an Schuhen, Strümpfen und Gürteln.

Glore gibt es zwar auch in München und Hamburg, doch das Sortiment stellt jeder Laden selbst zusammen. Besonders stolz ist Nicola Haug, Chefin in Stuttgart, auf ihre Jeansauswahl: Es ist ihr erklärter Ehrgeiz, für jeden das perfekt sitzende Wohlfühlmodell zu finden. So führt sie das gefragte schwedische Label Nudie Jeans, das ausschließlich Bio-Baumwolle verwendet, und die niederländische Firma Kings of Indigo (K.O.I.), die vorrangig auf recycelte Baumwolle setzt. Armedangels hat mit ein paar bedruckten Shirts angefangen; mittlerweile zählt das Label zu den größten im Eco-Fashion-Bereich. Das Düsseldorfer Modelabel Wunderwerk produziert lässige Lieblingsstücke, und auch Kuyichi hat bewiesen, wie cool die Öko-Jeans rüberkommt.

Adresse Eberhardstraße 10, 70173 Stuttgart (Mitte), Tel. 0711/50451444, www.glore.de, hello_STR@glore.de | **ÖPNV** U 1, 2, 4, Haltestelle Rathaus | **Öffnungszeiten** Mo–Fr 11–19.30 Uhr, Sa 11–19 Uhr | **Tipp** Das Stuttgarter Magazin »Übermorgen« will Nachhaltigkeit mit Lifestyle verbinden (www.uebermorgenmagazin.de).

41_Goldknopf
Couture und klasse Knöpfe

Glitzer und Glamour für den »Tag der Tage«: Goldknopf übernimmt auch das Styling für die Hochzeit oder den Abiball. Von außen eher unauffällig, ist das Geschäft eine Fundgrube für Hobbynäherinnen und Modedesigner. Knöpfe, Bänder, Spitzen und andere Kurzwaren treffen auf modische Tücher, exklusive Taschen und handgefertigten Schmuck in Hülle und Fülle. Wer eine Vorliebe für alte Ladenausstattungen hat, wird den wandbreiten Vitrinen- und Schubladenschrank bewundern, in dem die Schätze untergebracht sind. Ob für neue Entwürfe oder zum Aufwerten älterer Garderobe – Knöpfe sorgen für das gewisse Etwas. Auch Upcycling-Fans werden von der Inhaberin gut beraten.

Viele Jahre führten der Balletttänzer Friedemann Vogel und sein langjähriger Lebensgefährte Thomas Lempertz, ebenfalls Tänzer, das Geschäft, inklusive eigener Modekollektion. Ersterer ist inzwischen ein Weltstar als Solist, Letzterer entwirft erfolgreich Kostüme und Mode. 2014 übernahm Modedesignerin Elena Braun das Unternehmen, nachdem sie bei ihren Vorgängern ein Jahrespraktikum absolviert hatte. Neben ihrer Leidenschaft für maßgefertigte Mode hat sie ein Faible für schöne Accessoires. Ausgefallen sind die Taschen der Stuttgarter Designerin Jungmi, die ihre Clutches, Tote-Bags und Geldbörsen aus Aalleder fertigen lässt. Angenehm weich fühlt sich das Material an, die Farben verblüffen durch ihre Intensität. Das feine, exotische Leder ist geschmeidig, extrem leicht und trotzdem überaus strapazierfähig. Das viel weniger reißfeste Rindsleder dagegen wiegt doppelt so viel. Aal ist zudem in Korea, dem Heimatland von Jungmi Ha, ein beliebter Speisefisch und das Leder ein natürliches Abfallprodukt.

Etwas ganz Besonderes ist auch der Kristallschmuck von Ku-Ai aus Taipei. Was in den Glasvitrinen glitzert – Halsketten, Ohrringe und Armbänder, Haarspangen, Broschen und Tiaras mit Swarovskisteinen – schmückt nicht nur Bräute.

Adresse Charlottenplatz 17, 70173 Stuttgart (Mitte), Tel. 0711/297514, www.goldknopf.net, mail@elenabraun.com | **ÖPNV** U 1, 2, 4, 5, 6, 7, 12, 15, Haltestelle Charlottenplatz | **Öffnungszeiten** Mo–Fr 10–19 Uhr, Sa 10–18 Uhr | **Tipp** Besonders an Samstagen begehrt: die Terrasse des »Grand Café Planie« mit Blick auf den so belebten wie beliebten Flohmarkt am Karlsplatz.

42 The Green Stream
Fruchtrausch und Gemüsekick

Was man alles trinken kann: Gurke, Löwenzahn, Minze, Sellerie und Spinat! Im Green Stream holen sich Vitaminbewusste ihren Frischekick in Form flüssigen Gemüses. Besonders morgens greift die junge Kundschaft gern zum Smoothie: Auf dem Weg zum Büro dient ein frisch zubereiteter »Lift me up« als belebender Wachmacher und Kaffeeersatz.

Die sympathische Inhaberin Daniela Dawson zaubert gesunde Drinks aus regionalen Zutaten in Bioqualität. Juices sind frisch gepresste Säfte aus der Zentrifuge, die Smoothies enthalten auch Schale oder Kerngehäuse, sind durch Ballaststoffe also reichhaltiger und vermutlich auch gesünder. Außerdem im Angebot: vegane Matchashakes mit Pflanzenmilch und kleine Weizengras-Shots. Das vegane Mittagsangebot umfasst Salate, Sandwiches und Süßes wie Tapioka-Pudding oder ein Açai-Dessert mit Mandelmilch, Goji- und Açaibeeren und Chiasamen. Denn auch die sogenannten Superfoods wie Acerola, Guarana, Hanfsamenschalen und Spirulina sind hier ein Thema.

Außerdem bietet Daniela Dawson Detoxkuren an, allerdings nur auf Vorbestellung, schließlich verarbeitet sie Gemüse und Obst kiloweise von Hand dafür. Weil die Zutaten mit einer Hydraulikpresse kaltgepresst werden, bleiben Vitamine, Spurenelemente und Enzyme besonders schonend erhalten.

Smoothies zu Hause selbst zu machen ist übrigens gar nicht so einfach: Im Mixer Zutaten pürieren, okay, kein Problem. Aber nicht nur für die gewünschte Sämigkeit und die Balance von Säure und Süße, sondern auch, damit püriertes Blattgrün nicht einfach schmeckt wie Gras, ist das Abschmecken genauso wichtig wie beim Kochen.

Der hübsche Saftladen im Heusteigviertel macht gute Laune: Mit alten Schultafeln, 1970er-Jahre-Tapete und Flohmarktsesseln hat Daniela Dawson New Yorker Flair kreiert, ohne jemals dort gewesen zu sein. Eines sollte man jedoch wissen: Die gehaltvollen Drinks ersetzen eher eine Mahlzeit, als den Durst zu löschen.

Adresse Mittelstraße 24, 70180 Stuttgart (Süd), Tel. 0711/31532066, www.thegreenstream.org, thegreenstream@web.de | **ÖPNV** Bus 43, Haltestelle Falbenhennenstraße | **Öffnungszeiten** Di – Fr 8 – 14.30 und 16 – 18 Uhr, Sa 11 – 17 Uhr | **Tipp** Freitags findet auf dem Wilhelmsplatz von 12 bis 18 Uhr ein Wochenmarkt statt.

43 Gutes für Kinder
Holzbauklötze und Riesenpuzzles

Kinder, die bald Geburtstag haben, können eine Geschenkebox mit Bastel- und Spielsachen füllen, die ihnen besonders gut gefallen. Bei der Auswahl kein Problem! In ihrem kleinen Laden im Stuttgarter Norden verkaufen Julia Hahn und Elke Fauser-Rilling möglichst langlebiges, nachhaltiges und hübsches Spielzeug. Die beiden Nachbarinnen und Freundinnen betreiben auch vorher schon eigene Onlineshops und haben sich für das Geschäft zusammengetan.

Für Kinder bis ins Alter von etwa zwölf Jahren finden Eltern hier besondere Bastelsachen, schöne Kinderzimmeraccessoires von Lampen bis zur Bettwäsche und jede Menge ausgefallene Spiele. Weil die beiden Inhaberinnen Wert legen auf natürliches Material, pädagogischen Wert und nachhaltige Herstellung, machen sie sich aktiv auf die Suche nach Besonderem für ihr Sortiment, nicht nur auf der Spielwarenmesse in Nürnberg. Ihre Funde sollen zuallererst Spaß machen und nebenbei Logik, Motorik oder andere Fähigkeiten trainieren. Also gibt's bunte Wischfarben und zwei Meter lange Riesenpuzzles für drinnen sowie Frisbeescheiben mit spektakulärer Wurfweite für draußen. Das Boulespiel aus granulatgefüllten Säckchen kann man auch die Treppe runter spielen, aus den riesigen Pappbausteinen »Gigi Bloks« stabile Häuser oder Kaufläden bauen.

Ein Überraschungsrenner sind die bunten Trinkflaschen Dopper, die im Sortiment landeten, weil die Inhaberinnen für ihre eigenen Kinder, insgesamt sechs an der Zahl, etwas Gescheites aus schadstofffreiem Plastik suchten.

Als besonderer Service kann großes, in der Anschaffung teures Spielzeug wochenweise ausgeliehen werden, zum Beispiel die Holzbauklötze von Kapla, die es in Großpackungen mit bis zu 1.000 Stück gibt. Davon profitieren nicht nur Kindergärten und Großeltern, die kein eigenes Spielzeug für ihre Enkel haben, sondern es schont auch den Geldbeutel junger Familien und sorgt für Abwechslung im Kinderzimmer.

Adresse Am Kochenhof 1, 70192 Stuttgart (Nord), Tel. 0711/46920626, www.gutesfuerkinder.de, kontakt@gutesfuerkinder.de | **ÖPNV** U5, Haltestelle Killesberg | **Öffnungszeiten** Mo, Di 10–13 Uhr, Mi–Fr 10–13 und 15–18 Uhr, Sa 10–14 Uhr | **Tipp** Das »Junge Schloss« im Landesmuseum führt Kinder spielerisch an Themen der Geschichte heran (www.junges-schloss.de).

44_ Die Hängematte
Unter Bäumen träumen

Manchmal reichen sogar zwei Lkw oder die Reling des Wohnmobils. Zufriedene Kunden schicken ab und zu Fotos, wo sie unterwegs für die Hängematte ihrer Wahl ein Plätzchen gefunden haben, und wenn keine großen Bäume in der Nähe sind, behilft sich der gewiefte Outdoor-Traveller eben anders. Die extrem leichten Reisehängematten für Camper sind meist aus Nylon; das echte Chill-Feeling stellt sich jedoch noch besser in Hängematten aus robuster Baumwolle mit möglichst großer Liegefläche ein, denn am besten liegt man diagonal – oder sogar quer.

Die schönsten leuchtend bunten Hängematten werden von Familienbetrieben in Brasilien eigens für Ulrike Stützer angefertigt. Nach ihrer Ausbildung hat die Inhaberin zwei Jahre in Rio de Janeiro und Fortaleza gelebt. Damals entstand die Idee, Hängematten nach Deutschland zu importieren und auf Verbrauchermessen zu verkaufen. Schon seit Mitte der 1990er Jahre gibt es den Laden und den Online-Vertrieb. Das Relaxing-Mekka behauptet sich auch im Internet gut und führt zahllose Modelle anderer Hersteller, dazu Babyhängematten, Hängesitze und sämtliches Zubehör für die Befestigung an Wänden, Balken und Bäumen sowie Ständer für freies Aufstellen.

Von Indios als Schlafplatz erfunden, bestanden Hängematten ursprünglich aus zu Netzen verschlungenen Palmfasern, schließlich gab es keine Webstühle. Heute wird vielfach fest verzwirnte und eng gewebte Baumwolle verwendet, die große Belastung aushält. Nicht nur Kindergärten, sondern auch Familien schätzen, dass Kinder darin genauso toben und spielerisch ihre Motorik trainieren wie auch zur Ruhe kommen können, weil sie sanft schaukelnd einfach so wegdösen. Das so bequeme und rückenfreundliche Relaxen in der diagonalen Liegeposition macht süchtig, daher werden Hängematten oft auch drinnen installiert. Doch was gibt es an heißen Sommertagen Schöneres, als im Schatten großer Bäume den Tag zu verträumen ...

Adresse Immenhofer Straße 45, 70180 Stuttgart (Süd), Tel. 0711/6492634, www.die-haengematte.de, service@die-haengematte.de | **ÖPNV** Bus 43, Haltestelle Markuskirche; U 1, 14, Haltestelle Marienplatz | **Öffnungszeiten** Mo, Di, Do, Fr 11–18 Uhr, Sa 10–14 Uhr | **Tipp** Das »Kantinchen«, beliebt als rollendes Café beim Samstagsflohmarkt auf dem Karlsplatz, ist in der Alexanderstraße 180 sesshaft geworden.

45 Holzmanufaktur
Die Kunst der runden Ecke

Massivholz lädt zum Berühren ein, hat eine sinnliche Ausstrahlung. Die Liebe zum Material gab den Ausschlag, als 1979 die Holzmanufaktur als Schreinerkollektiv startete. Was heute einen Markt hat, war damals weniger als eine Nische: In den Werkstätten wurde furniert und lackiert, was das Zeug hielt. Die Gründer jedoch wollten keine Lösungsmitteldämpfe und Formaldehydwolken bei der Arbeit. Mit Massivholzmöbeln und Bio-Oberflächen aber mussten die Pioniere zunächst selbst experimentieren. So gab es zur Zeit der Gründung nur einen einzigen Hersteller für Möbelwachs. Dessen Produkt war so zäh, dass der Arbeitsgang Politur für schwere Arme sorgte. Heute wird Öl oder Biowachs in winzigen Perlen flüssig aufgenebelt.

Mehr als zwei Dutzend Mitarbeiter schreinern in der Werkstatt in Zuffenhausen; im Laden im Kronencarrée gibt's neben der eigenen Kollektion auch Produkte anderer Marken, insbesondere Stühle und Matratzen. Die Holzmanufaktur fertigt Massivholzmöbel mit klarer Form, im eigenen Team oder von freien Designern entworfen, aus Ulme, Eiche, Ahorn, Nuss, Kirsche oder Buche aus nachhaltiger Forstwirtschaft. Schwerpunkte sind Betten und Tische, die Kollektion umfasst aber auch ein Regalsystem und Solitäre wie Sideboards. Die Verbindung von Design und Handwerk erreicht hier höchste Qualität, besonderes Augenmerk liegt auf der Verarbeitung im Detail. Man achte nur auf die durchlaufende Maserung selbst an abgerundeten Ecken oder das eigens entwickelte System für metallfreie Betten!

Die Möbel sind auch überregional im Fachhandel vertreten, die Küchen werden nur regional angeboten – schließlich ist die Anpassung Maßarbeit. Dass eine Küche bis in die Schweiz transportiert wird, ist die Ausnahme. Das Modell aus Alteiche – verwendet wurden Balken aus einem Fachwerkhaus – mit der Anmutung einer Hobelbank ist aber auch eine echte Schönheit. Die man unwillkürlich gleich berührt.

Adresse Kronenstraße 30, 70174 Stuttgart (Mitte), Tel. 0711/239933, www.holzmanufaktur.com, info@holzmanufaktur.com | **ÖPNV** U 5, 6, 7, 9, 12, 14, 15; S 1, 2, 3, 4, 5, 6, 60, Haltestelle Hauptbahnhof | **Öffnungszeiten** Mo–Fr 10–18 Uhr, Sa 10–16 Uhr | **Tipp** Ein kleines Nebenprodukt sind die Spätzlebrettchen, eine Idee der Mittagsköchin, die für die Belegschaft in der Werkstatt kocht.

46 — Hut Hanne
Alles Kopfsache

Unter die Haube zu kommen, damit lassen sich junge Frauen eher Zeit. Ein schmückendes Headpiece für den Abiball verachten sie jedoch keineswegs. Manchmal ist der zierliche kleine Kopfschmuck für festliche Anlässe, auch Fascinator genannt, sogar der Beginn einer großen Passion für Hüte.

Trotz der Lage an der belebten Königstraße, eine der meist frequentierten Fußgängerzonen Deutschlands, liegt Hut Hanne wegen der baulichen Gegebenheiten fast etwas versteckt. Zumindest lässt sich nicht auf Anhieb erkennen, wie groß die Auswahl tatsächlich ist: Wirkt der hübsche Laden zunächst klein, setzt sich die Auswahl auch eine Etage höher noch fort. Wer seine Leidenschaft für Hüte schon entdeckt hat, kommt wahrlich auf seine Kosten.

Ob luftige Strohhüte für den Sommer oder wärmende Pelzmützen für den Winter, für jedes Wetter und jede Jahreszeit findet man hier das Passende: alltagstaugliche Herrenkappen und Strickmützen, klassische Hutformen wie Fedora, Bogart und Panama, den modischen Trilby und den coolen Pork Pie, Glockenhüte im Stil der 1920er Jahre, Florentiner mit breiter Krempe, aber auch Gore-Tex-Regenhüte und als Renner Kopfbedeckungen mit eingearbeitetem UV-Schutz.

Das Handwerk der Modistin allerdings spielt eine immer geringere Rolle. Früher hat Hut Hanne noch selbst gefertigt, heute stammt im 1866 gegründeten Traditionsfachgeschäft nur noch ein kleiner Teil des Sortiments aus dem eigenen Atelier. Der größte Teil kommt von Hutherstellern wie Bedacht, Borsalino, Grevi, Kangol, Mayser, Seeberger und Stetson.

Den Satz »Mir stehen keine Hüte!« hören die Mitarbeiterinnen bei Hut Hanne zwar oft, doch sie finden für jede Kopfform die passende Bedeckung. Bei manchen Menschen dauert die individuelle Beratung halt nur etwas länger. Ein »alter Hut« sind Hüte jedenfalls nicht mehr, seit sie unter jungen Menschen und Prominenten von Johnny Depp bis zur Stilikone Kate Middleton Furore machen.

Adresse Königstraße 22, 70173 Stuttgart (Mitte), Tel. 0711/294495, www.hut-hanne.de, hut-hanne@t-online.de | **ÖPNV** U5, 6, 12, 15, Haltestelle Schlossplatz | **Öffnungszeiten** Mo–Sa 10–19 Uhr | **Tipp** Einen tollen Blick auf die Königstraße bietet der Bahnhofsturm. Ganz nach oben zur Panoramaterrasse unterm Mercedesstern gelangt man über Wendeltreppen und mit dem Aufzug.

47 Kallas
In Familienhand

Für Fashionistas ist nicht nur die belebte Einkaufsmeile Königstraße mit großen Modeketten und schicken Boutiquen ein Shoppingparadies. Besonders im kleinen Gerberviertel begeistern viele persönlich geführte Läden mit eigenem Geschmack und abwechslungsreichem Angebot. Auch Pat Kallas hat sich bewusst für das lebendige Viertel entschieden. Sein Modegeschäft in der Tübinger Straße betreibt er gemeinsam mit seiner Tochter Jara: Beide mögen feminine, romantische und verspielte Mode, vom kuscheligen Strickmantel über zarte Blusen und lange, weich fallende Röcke bis zum Chiffonkleid. Zum kompletten Outfit gibt's hier zudem alles, was das Frauenherz begehrt: Neben schönen Basics wie unifarbenen T-Shirts mit Spitzenbesatz spielen Tücher, Gürtel, Taschen, Schuhe und Schmuck eine große Rolle: Mit etwa einem Drittel ist der Anteil der Accessoires am Sortiment überdurchschnittlich groß.

Das schöne Ladenlokal mit Parkett und hohen Altbauwänden in warmen Farben ist ein echter Hingucker. Mehrmals schon waren Shopping Queens aus der gleichnamigen TV-Serie hier auf der Suche nach Stylingideen und Mode mit dem gewissen Extra. Die Theke mit Scherenschnittelementen hat Inhaber Pat Kallas selbst entworfen; ein weiterer Blickfang des Shops ist der Ankleidebereich mit roten Samtvorhängen, zwei Polstersesseln und funkelndem Kristallkronleuchter.

In entspannter Atmosphäre geht es hier meist sehr familiär und herzlich zu. Regelmäßig lädt das Kallas-Duo zu unterschiedlichen Events ein und organisiert Weißwurstfrühstück, Waffelstand, Late-Night-Shopping oder Abende mit Livemusik. Seine zweite Leidenschaft, die Weltmusik, lebt Inhaber Pat Kallas als Singer-Songwriter aus. Seine selbst komponierten Stücke sind teils auf CD erhältlich oder live bei seinen Auftritten zu erleben. Und damit die Nachbarschaft so lebendig bleibt, engagiert er sich im Gerberviertel-Verein.

Adresse Tübinger Straße 19a, 70178 Stuttgart (Mitte), Tel. 0711/2207976, www.kallas-stuttgart.de, info@kallas-stuttgart.de | **ÖPNV** U 1, 14, Haltestelle Österreichischer Platz | **Öffnungszeiten** Mo–Fr 10–20 Uhr, Sa 10–19 Uhr | **Tipp** Über das Gerberviertel wacht der Tagblattturm, eines der ersten Hochhäuser Deutschlands aus den 1920er Jahren.

48 Die Kichererbse
Essen ohne Tiere

Fleisch sucht man hier vergebens, oder besser gesagt: Fleisch sucht hier niemand. In Stuttgarts erstem rein veganen Laden wandert nur über die Theke, was 100 Prozent pflanzlich ist und fair hergestellt, möglichst in Bioqualität. Eigens gekennzeichnet sind die glutenfreien Lebensmittel; ein ganzes Regal nehmen die unentbehrlichen Zutaten für die Rohkostküche ein, die Ihnen auch in Workshops mit einer Ernährungsberaterin nahegebracht wird.

Neben Essbarem ist vegane Kosmetik im Angebot, also Beautyprodukte, die ohne Zutaten wie Horn, Gelatine oder Bienenwachs und ohne Tierversuche auskommen. Für Rasierschaum und Duschgel, Lippenstift, Handcreme und Bambuszahnbürste kommen nur pflanzliche Rohstoffe zum Einsatz. Synthetische Zutaten – dadurch unterscheiden sich vegane Produkte von Naturkosmetik – werden dagegen akzeptiert.

Wichtig ist Nora Hoffrichter und Helga Fink, dass ihr veganes Sortiment nicht nur auf tierische Inhaltsstoffe verzichtet (und das umfasst ebenso Verpackungen oder den Kleber fürs Etikett!), sondern auch produziert wird, ohne Menschen und Tieren zu schaden. Das macht das Ganze sehr komplex und erfordert viel Recherche – doch die Kunden profitieren davon. Die beiden Inhaberinnen unterstützen vorzugsweise kleine Unternehmen aus der Region; es gibt erstaunlich viele, etwa Flores Farm in Stuttgart, Wheaty in Mössingen, Taifun in Freiburg oder Peijo in Hechingen.

Vegan zu leben liegt voll im Trend – doch ist die Bandbreite groß; ethisch motivierte Veganer ernähren sich durchaus teils recht ungesund und erhöhen die Nachfrage nach gelatinefreien Gummibärchen und Kale-Chips, während andere aus gesundheitlichen Gründen zu Vegetariern, Veganern oder Rohköstlern werden. In einträchtiger Koexistenz mit den sogenannten Superfoods wie Chiasamen oder Goji-Beeren und sogar veganer Tiernahrung gibt es daher auch jede Menge gutbürgerlich anmutenden Fleisch-, Käse- und Wurstersatz.

Adresse Möhringer Straße 44b, 70199 Stuttgart (Süd), Tel. 0711/50474214, www.die-kichererbse.com, info@die-kichererbse.com | **ÖPNV** U 1, 14, Haltestelle Erwin-Schoettle-Platz | **Öffnungszeiten** Mo–Sa 11–19 Uhr | **Tipp** Das »Super Jami«, ein veganes Deli, beliefert die Kichererbse mit dem Essen to go. In der Bopserstraße lädt es ein zum entspannten Genuss vor Ort oder zur Mitnahme der hausgemachten Produkte im umweltfreundlichen Einmachglas.

49 Klaibers Café
Die vier großen C

Kann man das C nicht nur hören, sondern auch schmecken? Wenn es für Café, Conditorei, Confiserie und Chocolaterie steht, vermutlich schon. Das süße Quartett betreibt Horst Klaiber, ein Künstler allemal, der zum Wohlklang die kulinarische Untermalung beisteuert.

In seinem Café mit charmantem Retrotouch, in Bad Cannstatt in einem Altbau nahe des Kurparks zu finden, verwöhnt er jeden Gaumen zu jeder Tageszeit. Denn der Konditor ist auch ausgebildeter Koch und verwendet auf Wildmaultaschen, Ragout fin und Rehgulasch dieselbe Sorgfalt wie auf seine feinen Torten und Kuchen. Wild bezieht er vom hiesigen Jäger und den Wein von der heimischen Winzergenossenschaft; auch Äpfel, Erdbeeren und anderes saisonales Obst stammen möglichst von Cannstatter Bauern.

Die Zeitschrift »Feinschmecker« zählte den Tortenbäcker 2014 zu den 400 besten Cafés in Deutschland, und wer seine Wiener Mandeltorte, die Linzer Torte oder die Engadiner Walnusstorte probiert hat, wird den Testern des Magazins zustimmen. Alles wird vor Ort gefertigt, die Schwarzwälder Torte und der himmlische Himbeerkuchen für die Glastheke, feine Pralinen und edel verpackte Schokolade, Konfitüren, Schokoaufstrich, Fruchtchutney und Grillsauce zum Mitnehmen. Trends ist der Konditor und Koch dabei immer eine Nasenlänge voraus, ob mit Kürbis-Chili-Sahnetorte oder Ziegenfrischkäse-Feigen-Tarte. Über sein Schokoladenmenü mit acht Gängen, das er Gästen auf Anfrage anbietet, hat Wolfram Siebeck schon vor gut einem Jahrzehnt in der Wochenzeitung »DIE ZEIT« berichtet.

Das alles schätzt seine große und ausgesprochen junge Kundschaft. Weil das 1993 eröffnete Café Kunden aus einem großen Einzugsgebiet herbeilockt, muss sonntags auch mal ein Zettel mit »Ausverkauft« rausgehängt werden. Und das, obwohl Horst Klaiber auch samstags und sonntags in der Backstube steht. Und Torten backt, dass sich die Vitrine biegt.

Adresse König-Karl-Straße 18, 70372 Stuttgart (Bad Cannstatt), Tel. 0711/567490, www.klaibers-cafe.de, klaibers-cafe@gmx.de | **ÖPNV** U 2, Haltestelle Daimlerplatz | **Öffnungszeiten** Mi–Fr 10–18.30 Uhr, Sa und So 10–17.30 Uhr | **Tipp** In der Sulzerrainstraße 24 findet sich die Verkaufsstelle des Weinguts der Stadt Stuttgart mit historischem Travertinkeller und später angeschlossenem Luftschutzbunker unter dem Cannstatter Kurpark.

50 Königsbäck
Zeit für Geschmack

Vom Geschäft können Kunden via Monitor direkt in die Backstube blicken und den Bäckern beim Brezelnrollen zusehen. Knusprig und perfekt geformt – was für den Franzosen das Baguette, ist für den Schwaben die Laugenbrezel: eine Art essbares Wahrzeichen. Dass unter anderem die »BILD-Zeitung« das Königsbäck zum besten Brezelbäcker Stuttgarts kürte, hat Lothar Wolf und Aurelio Ingrassia auf dem von ihnen eingeschlagenen Weg nur bestätigt.

Den voll Bioland-zertifizierten Königsbäckern (viele andere Bäckereien sind nur teilzertifiziert) liegen Natur und Gesundheit gleichermaßen am Herzen. Bio-Rohstoffe aus der Region verwenden sie aus Überzeugung, doch vor allem schmecken und gut aussehen müssen Brot und Gebäck. Obwohl die Zutaten etwa das Dreifache kosten, haben die beiden Bäckermeister den Ehrgeiz, optisch und geschmacklich der Konkurrenz voraus zu sein und trotzdem günstige Preise anbieten zu können.

Denn nicht wer am lautesten »bio« schreit, gehört auch zu den Besten. Der Ruf des Königsbäck mit Filialen in der Gablenberger Hauptstraße und in der Schwarenbergstraße hat sich auch ohne Marketing-Tamtam stuttgartweit verbreitet. Vornehmlich, weil den Kunden Brot, Brötchen, Brezeln und süße Backwaren so gut schmecken, denn nach wie vor ist der großen Mehrheit »bio« egal.

Wolf und Ingrassia haben sich ganz dem Slow Baking verpflichtet: »Schnell, schnell« funktioniert beim Backen nicht. Teig braucht Ruhe und Entspannungsphasen zwischen den einzelnen Schritten, damit er seinen vollen Geschmack entfalten kann. Durch die konsequente Rückbesinnung auf die traditionelle Backkunst wird Brot aromatischer, bekömmlicher und bleibt viel länger frisch. Den Meisterbäckern kommen zudem weder Backmittel noch künstliche Zusatzstoffe oder industrielle Fertigmischungen in die Backstube. Der konsequente Verzicht auf Chemie erfordert allerdings umso größeres handwerkliches Können. Und das schmeckt man.

Adresse a) Gablenberger Hauptstraße 70, 70186 Stuttgart (Gablenberg), Tel. 0711/463958, b) Schwarenbergstraße 121, 70188 Stuttgart, Tel. 0711/482509, www.koenigsbaeck.de, koenigsbaeck@koenigsbaeck.de | **ÖPNV** U 4, Haltestelle Ostendplatz | **Öffnungszeiten** Mo–Fr 6–18.30 Uhr, Sa 6–13 Uhr, So 8–11 Uhr | **Tipp** Auf der Slow Food Messe »Markt des guten Geschmacks«, die jährlich im April in Stuttgart stattfindet, kann man sich über Bioproduzenten der Region informieren.

51 Kopftheater
... und Bartstyling

Wer die Tür öffnet, betritt keinen Laden, sondern eine Mischung aus Barbershop und Bilderbuch-Friseur, der das Gefühl von früher neu aufleben lässt. Die originalen Barbierstühle hat Christine Regel nach längerer Suche bei einem Filmausstatter in München gefunden – ohne die drei hätte sie sich gar nicht erst selbstständig gemacht.

Die Spiegelschränke haben Freunde geschreinert, die Jukebox ist ein Erbstück ihres Mannes. Sie wird nur selten angeworfen, weil der Regler für die Lautstärke »leise« nicht kann. Drei Herren, die stets zusammen kommen, setzen den Plattenteller aber regelmäßig in Gang und genießen das Bierchen zum gemeinsamen Haarpflegetermin. Ansonsten kommt die zum relaxten Ambiente passende Musik in der Regel aus dem Lautsprecher. An den Wänden hängen alte Barbershop-Bilder und ein frappierendes Foto von neun italienischen Banditi mit unterschiedlicher Barttracht. Seit Bärte wieder absolut hip sind, könnten sie genauso gut auch für ein Männermagazin modeln! Jedes Teil der Einrichtung erzählt eine eigene Geschichte. Christines Mann Morten Regel führt ein Interior-Geschäft und hat sie tatkräftig bei der Ausstattung ihres eigenen Ladens unterstützt.

Kaufen kann man im Kopftheater die Produkte von Davines, verschiedene Shampoos und Conditioner, Pflege und Tinkturen gegen Schuppen, juckende Kopfhaut oder Haarausfall. Bart oder Haare, das ist hier keine Frage, die Inhaberin kümmert sich um beides. Weil sie momentan ihren Laden allein führt, arbeitet sie aus Zeitgründen nur mit dem elektrischen Rasierer. Doch sobald sie einen Mitarbeiter einstellen kann, soll auch für die klassische Nassrasur mit dem Barbiermesser wieder gesorgt sein. Die Friseurin ist nicht nur Haarprofi für Kunden vom Kindergarten bis zur 99-jährigen Oma, die jede Woche zum Waschen und Legen kommt, sondern bietet als Make-up Artist auch Brautstyling an. Für einen Hochzeitstag wie aus dem Bilderbuch ...

Adresse Sophienstraße 4a, 70180 Stuttgart (Mitte), Tel. 0711/67449247, www.kopftheater.com | **ÖPNV** U 1, 14, Haltestelle Österreichischer Platz | **Öffnungszeiten** Di–Fr 10–19 Uhr, Sa 9–14 Uhr | **Tipp** Morten Regel zeigt in seinem Geschäft »Christensen Interior« in der Olgastraße auf drei Etagen Designmöbel und Liebhaberstücke fürs individuelle Wohnen.

52 Kraft Augenoptik
Jeder nach seiner Fassung

Das spektakuläre, mehr als sechs Meter lange Lichtobjekt, ein auffallender Blickfang zur Präsentation von Brillen, entstand, als das Ladenlokal im Stuttgarter Westen vor einigen Jahren neu gestaltet wurde. Mit konkreten Ideen für Ambiente und Materialien hat Andreas Kraft lange nach Architekten gesucht, die seine Vorstellungen umsetzen. Das ist überzeugend gelungen; Kunden, seine Mitarbeiter und er selbst schätzen die klare Atmosphäre: Bei der Housewarming-Party wurde bis vier Uhr morgens gefeiert. Demnächst steht an, einen Showroom für die Eigenmarke neu zu gestalten, gleich gegenüber am Hölderlinplatz.

Die eigene Kollektion »Willems Eyewear« ist nach Großvater Wilhelm Kraft benannt, denn mit Enkel Andreas Kraft arbeitet schon die dritte Generation der Familie als Augenoptiker. Neben dem 2005 eröffneten Geschäft am Hölderlinplatz führt der Augenoptikermeister und Betriebswirt zwei Läden in Ditzingen und Gerlingen. Schon als Azubi hat er begonnen, selbst Brillenmodelle zu entwerfen, hat bei Wettbewerben Preise gewonnen und später Kollektionen für andere Hersteller gestaltet. Inzwischen vertreibt Kraft seine eigene Kollektion weltweit.

Für jeden Typ die perfekte Brille zu finden, die zur Gesichtsform passt, seine Persönlichkeit unterstreicht und dem Träger die meisten Komplimente einbringt, ist das Anliegen seiner langjährigen Mitarbeiter. Die fachliche Beratung rund um bestes Sehen ist hier selbstverständlich, und doch ist Andreas Kraft kein typischer Optiker. Zum einen soll man in seinem Laden auch Dinge entdecken können, beispielsweise passende Uhren oder Lederjacken. Zum anderen führt Andreas Kraft bevorzugt Rahmen von ausgewiesenen Brillenherstellern, statt Fashion-Accessoires der Modebranche, denn viele Kunden seien übersättigt von schnelllebigen Trends: Den Weg ins beleuchtete Regal finden nur handwerklich perfekte Modelle zu vernünftigen Preisen.

Adresse Hölderlinplatz 3b, 70193 Stuttgart (West), Tel. 0711/2539509, www.optik-kraft.de, www.willems-eyewear.com, stuttgart@optik-kraft.de | ÖPNV U4, Haltestelle Hölderlinplatz | Öffnungszeiten Di, Mi, Fr 9–13 und 14–19 Uhr, Do 11–13 und 14–20.30 Uhr, Sa 9–14 Uhr | Tipp Die Sehenswürdigkeiten der Landeshauptstadt lassen sich mit den Doppeldeckern der »Citytour Stuttgart« erkunden. Nach Belieben kann man aus- und wieder einsteigen.

53 __ Thomas Künkele Kräuter
Ein Blättchen Unsterblichkeit

Täglich zwei bis drei Blättchen pflücken und essen, das ist der Tipp zu Jiaogulan von Thomas Künkele. An seinem Stand auf dem Stuttgarter Wochenmarkt geht jedem Kräuterfan das Herz auf: Mit mehr als einem Dutzend Sorten Thymian und Salbei, fast 20 Sorten Minze und Basilikum ist er auch für Profiköche ein Anlaufpunkt. Bester Nachfrage erfreuen sich etwa französischer Estragon, vietnamesischer Koriander, griechischer Oregano, Thai-Basilikum und marokkanische Minze.

Erstaunlich, was neben den heimischen Kräutlein Petersilie, Schnittlauch und Dill sonst noch so alles zum Würzen in den eigenen Garten oder Topf gepflanzt werden kann! Borretsch, Kerbel, Liebstöckel, Pimpinelle und die ganze Bandbreite mediterraner Kräuter kennt man vielleicht, aber bei Marzipansalbei oder Malabarspinat ist man auf Künkeles Tipps angewiesen. Asiakräuter von Kaffirlimette über Wasabi bis Zitronengras bilden einen Schwerpunkt seines Angebots; vielfältig sind auch die Chilisorten.

Dennoch wird hier fündig, wer am liebsten regionale Ware kauft: Die Kräuter stammen aus Künkeles Gärtnerei in Esslingen oder werden in der Nähe zugekauft. Großen Wert legt er darauf, dass sie robust sind. Mit ausreichender Belüftung, weitem Pflanzabstand und teils Freilandanbau erhält er gut abgehärtete Pflanzen. Auch seine Mittelmeergewächse wie Feigen, Oliven oder Erdbeerbaum eignen sich für unsere Breiten.

Von März bis August führt Thomas Künkele sein Vollsortiment an Kräutern, im Herbst gibt es zudem Lavendelprodukte, und im Sommer boomt »junges Gemüse« – in Form von Tomaten-, Artischocken- oder Zucchinipflanzen. Neben Küchenkräutern verzeichnet sein ungewöhnliches Sortiment auch Duftpflanzen wie Anis-Ysop, Schokoladenblume und Verpiss-dich-Pflanze, Heil- und Teepflanzen wie Balsamstrauch, Beinwell und Eisenkraut. Wer also Jiaogulan, die »Pflanze der Unsterblichkeit«, erwirbt, setzt auf deren Aktivkräfte zur Selbstheilung.

Adresse Marktplatz (Wochenmarkt Stuttgart), 70173 Stuttgart (Mitte), Tel. 0711/3161956, 0173/9584734, www.kräuter-künkele.de | **ÖPNV** U 1, 2, 4, Haltestelle Rathaus | **Öffnungszeiten** Di, Do, Sa 7–13.30 Uhr | **Tipp** Auf der Außenterrasse von »Karls Kitchen«, dem Restaurant im Kaufhaus Breuninger, lässt sich das Markttreiben von oben beobachten.

54 Kunsthaus Frölich
Alles im Rahmen

Eskimos sollen unzählige Wörter für Schnee haben. Ein verbreiteter Irrtum, doch wenn tatsächlich ein Zusammenhang zwischen Sprache und Lebenswelt besteht, dann bräuchten Rahmenbauer eine extrem hohe Anzahl an Wörtern für Weiß. Reinweiß, Antikweiß, Muschelweiß, Geisterweiß, Schneeweiß, Elfenbein, Creme: Die hohe Kunst des Passepartouts besteht nicht nur in der Wahl des Materials und dem präzisen Zuschnitt, sondern auch im gekonnten Einsatz der Nichtfarbe Weiß.

Auch was eine gute Rahmung ausmacht, hat mit handwerklichem Können, hochwertigen Materialien und einem hohen Maß an Kunstverständnis zu tun. Als namhafte Adresse gilt das Kunsthaus Frölich in Feuerbach, dessen Tradition noch weiter in die Vergangenheit reicht als bis zur Eröffnung im Jahr 2000: Auf sechs Generationen an Buchbindern blickt Utz Frölich zurück.

Grundpfeiler der Firmenphilosophie: Kunden und Künstler sollen sich verstanden und ebenso qualifiziert wie sensibel beraten fühlen. Ob es sich um ein wertvolles Gemälde handelt, ein Familienfoto, einen Spiegel, eine riesige Amerikaflagge oder sogar einen Indianerkopfschmuck: Gemeinsam mit den Kunden erarbeiten Utz und Gabriele Frölich eine individuelle Rahmung. Allein die Auswahl an Rahmenleisten ist beeindruckend, von einfachen Metall- und Holzausführungen über Stilleisten bis zum vergoldeten Jugendstilmodell. Gleich mit einer Handvoll Vergolder arbeitet die Firma zusammen, denn jeder hat eine unterschiedliche Handschrift. In der großen Werkstatt unter dem Laden werden Leisten auf Gehrung gesägt, Passepartouts und entspiegeltes Museums- oder herkömmliches Glas zugeschnitten.

Doch Rahmen sind nicht das Einzige, was das Kunsthaus im Angebot hat: Frölichs übernehmen die Restaurierung von Gemälden und beschädigten Rahmen, verkaufen auch Wechselrahmen und Kunstdrucke. Und in der hellen Galerie im Obergeschoss finden regelmäßig Kunstausstellungen statt.

Adresse Oswald-Hesse-Straße 98, 70469 Stuttgart (Feuerbach), Tel. 0711/859242, www.kunsthaus-froelich.de, info@kunsthaus-froelich.de | **ÖPNV** U 13, Haltestelle Wilhelm-Geiger-Platz | **Öffnungszeiten** Mo, Di, Do, Fr 9–18.30 Uhr, Mi und Sa 9–13 Uhr | **Tipp** Können erfordert auch der Weinbau: Fabian Rajtschan aus Feuerbach wurde 2014/2015 als bester Jungwinzer Württembergs ausgezeichnet. Zweimal im Jahr öffnet seine Besenwirtschaft in der Schenkensteinstraße.

55 LIX
Lauter schmucke Stücke

Selbst die Werkstatt im Gerberviertel ist ein Schmuckstück. Ein ehemaliges Bilderlager hat Innenarchitekt Joerg Heinrich zu Verkaufs- und Ausstellungsräumen umgebaut – mit »glänzendem« Ergebnis. Die Rückwand mit den Glasvitrinen kann wechselnd gestaltet werden; unlängst hat die Künstlerin Elin Doka darauf Kristalle und Korallen eindrucksvoll zur Geltung gebracht. Hier am (leider verdolten) Nesenbachkanal arbeitet Cornelia Silbermann seit 2009, zusammen mit Meike de Vries, die für die Ketten zuständig ist. LIX, das römische Zeichen für 59, ist gleichzeitig Hausnummer ihres ersten Goldschmiede-Ateliers und Baujahr der gebürtigen Stuttgarterin.

Einen absolut originellen Blick auf Steine und Metalle verraten ihre ausgestellten Arbeiten. Filigranes musste Cornelia Silbermann in ihrer Lehrzeit genügend anfertigen, erinnert sie sich; heute bevorzugt sie einen opulenten Stil und wünscht sich auch von ihren Kundinnen Selbstbewusstsein und Mut zum Auffallenden. Blingbling und Brillis, die nur dazu dienen, den Wohlstand des Gatten vorzuführen, sind mit Opulenz allerdings nicht gemeint. Funkelndes und Farbiges dagegen schätzt die Goldschmiedin sehr: Die Schönheit von Steinen fasziniert sie auch nach mehr als 30 Jahren der Tätigkeit wie am ersten Tag.

Edelkoralle, Citrin, Mandaringranat, Aquamarin oder Mondstein – Cornelia Silbermann nimmt sich die Zeit, Schmuck und Trägerin oder Träger in Harmonie zu bringen. Um Farben perfekt abzustimmen, sollte man die Einzelstücke auf die Haut legen, umhängen, anprobieren.

Garantiert ein Blickfang sind auch die »Kettenmetamorphosen«. Cornelia Silbermann sorgt dafür, dass aus Erb-, Lieblings- und Fundstücken neue Meisterwerke entstehen. Gleich, ob die Dinge materiellen oder emotionalen Wert besitzen, ob in Vergessenheit geratene Perlenketten, geerbte Türkisarmbänder, Münzen oder Muscheln vom Strand: Bei LIX werden daraus schmucke Stücke.

Adresse Christophstraße 12, 70178 Stuttgart (Mitte), Tel. 0711/6494054, www.lix-stuttgart.de, mail@lix-stuttgart.de | **ÖPNV** U 1, 14, Haltestelle Österreichischer Platz | **Öffnungszeiten** Di–Fr 10–18 Uhr, Sa 10–15 Uhr | **Tipp** Die mit Smaragden und Diamanten besetzte Krone der württembergischen Könige ist in der Sammlung des Landesmuseums Württemberg im Alten Schloss zu sehen.

56 Lupo's Rockshop
Soundcheck für Krachmacher

Wenn Rockbands ihr Hotelzimmer schrotten, sorgt das meist für Schlagzeilen in der Boulevardpresse. Für »The Who« gehörte eine Zeitlang das Zerkloppen von Instrumenten bei ihren Konzerten zum guten Ton, Gitarristenlegende Jimi Hendrix steckte seine Fender Stratocaster auf der Bühne in Brand. Das hübsche Intro auf dem Internetauftritt von Lupo's Rockshop zeigt das, was viel häufiger vorkommt: Defekte Verstärker und zerbrochene E-Gitarren. Mancher unerwünschte Brummton zeigt sich erst beim Soundcheck, anderes geht durch Kurzschluss kaputt. Weshalb Bands durchaus häufig vor dem Auftritt in Stuttgart bei Lupo's Rockshop Notfallreparaturen anfragen.

Reparaturen sind der wichtigste Teil des Geschäfts von Wolfgang (Lupo) Fischinger. Dafür benötigt er gleich zwei Werkstätten hinter seinem Laden: Eine fürs Grobe, in der gebohrt, gehobelt, gefräst und geschliffen wird, die andere für die Elektrik. Mehrere Tausend Schaltpläne und Manuals dafür stehen in Ordnern im Regal, weitere Hunderttausende sind im PC archiviert.

Der staatlich geprüfte Elektrotechniker und aktive Rockmusiker gründete 1993 sein Geschäft, um dem »Dienstleistungsfiasko in der Musikbranche« den Kampf anzusagen. Mit dem Ziel, Kunden nicht nur kompetente Beratung beim Kauf eines Instruments zu bieten, sondern auch den besten Service danach. Nicht nur für Profimusiker checkt er Bässe, Gitarren und Verstärker, auch Amateure und Anfänger sind ihm willkommen.

Lupo's Rockshop ist autorisierter Händler diverser Marken und verkauft neue E-Gitarren, Westerngitarren, Konzertgitarren und E-Bässe. Daneben handelt Wolfgang Fischinger auch mit gebrauchten Schmuckstücken und bietet mit Benzville Guitars eine eigene Custom-E-Gitarren-Serie an. Die handgefertigten Instrumente werden individuell zusammengebaut, vom Tonabnehmer über die Halsform bis zur Lackoptik: auf Wunsch ganz abgewetzt wie vom jahrelangen Einsatz auf der Bühne.

Adresse Gutenbergstraße 108, 70197 Stuttgart (West), Tel. 0711/612740, www.lupos-rockshop.de, contact@lupos-rockshop.de | **ÖPNV** S 1, 2, 3, 4, 5, 6, 60, Haltestelle Schwabstraße | **Öffnungszeiten** Mo – Fr 11–14 und 15.30 –19.30 Uhr | **Tipp** Die »Rote Kapelle« ist keine Band, sondern eine Kneipe mit schönen Außenplätzen am Feuersee.

57 Gabriele Lutz
... bittet zum Tanz

Wenn samstags für eine Gruppe von 20, 25 oder in Ausnahmefällen bis zu 45 Ballettschülerinnen die ersten Spitzenschuhe angepasst werden, ist das geschulte Auge unentbehrlich. Sonst würde die Anprobe den ganzen Tag dauern ... So fragen die langjährigen Mitarbeiter des Tanzfachgeschäfts nicht mal nach der Schuhgröße: Dank jahrelanger Erfahrung greifen sie gleich zum richtigen Paar. Zu einer Ballettausrüstung kommen dann noch Zehenschoner, Lederkappen, Gummi- und Satinbänder, dann werden die Füße gepudert, alles an- und an der Stange ausprobiert. Nach anderthalb Stunden schließlich verlassen zwei Dutzend oder mehr strahlende Mädchen den Laden.

Als Gabriele Lutz das Geschäft 1972 gründete, zunächst als Versandhandel, später mit Läden in der Paulinenstraße und in der Marienstraße, gab es nur wenig Auswahl an Tanz- und Ballettbekleidung. Heute führt ihre Tochter Anja Lutz-Rummel das renommierte Fachgeschäft, mit dem sie schon als Kind aufgewachsen ist und das 2012 bereits ehrwürdige 40 Jahre feiern konnte.

Ballett und Gesellschaftstanz sind die beiden Schwerpunkte, doch das umfangreiche Sortiment umfasst alles Denkbare rund um die Welt des Tanzens: Trainingstrikots, Tanzkleider und Tutus, Flamencoröcke und Jazzhosen, professionelles Make-up, das auch beim Schwitzen nicht verläuft und trotzdem hautverträglich ist, CDs mit Tanzmusik und Bücher. Im Erdgeschoss beeindruckt die enorme Auswahl an robusten Steppschuhen mit Metallplatten, stabilen Flamenco- und Jazz-Schuhen und flachen Sneakers für Modern Dance. Im Keller gibt es alles zum Thema Gesellschaftstanz, z.B. leichte, sehr flexible Riemchenschuhe für Standardtänze, für Tango und Salsa. Besonders das Schuhwerk erfordert Fachberatung, wie sie online gar nicht möglich ist. Allein bei den Spitzenschuhen gibt's diverse Breiten, Fersenweiten, Sohlenstärken und Standflächen. Anfängerinnen vertanzen vielleicht ein Paar pro Jahr, Profitänzerinnen ein Paar Schuhe pro Aufführung.

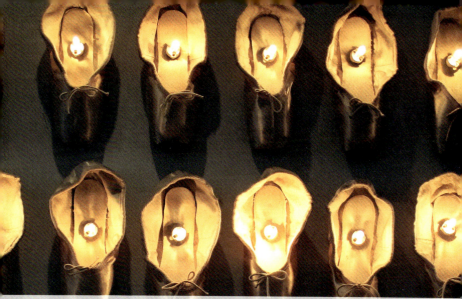

Adresse Olgastraße 34, 70182 Stuttgart (Mitte), Tel. 0711/2174904, www.gabriele-lutz.de, info@gabriele-lutz.de | **ÖPNV** U 5, 6, 7, 12, 15, Haltestelle Olgaeck | **Öffnungszeiten** Mo–Fr 10–18.30 Uhr, Sa 9.30–14 Uhr | **Tipp** Bei den »German Open Championchips«, dem jährlich in der Liederhalle stattfindenden größten Tanzturnier der Welt, lässt sich Tanzsport auf höchstem Niveau live beobachten.

58 Maschenzauber
Stricken als Breitensport

Stricken ist das neue Yoga. Und eine Methode, um weniger zu naschen oder sich das Rauchen abzugewöhnen, sagen junge Kundinnen, die sich im Wollladen mit Garnnachschub für ihr neues Hobby versorgen. Do it yourself erlebt gerade einen enormen Boom, und insbesondere Stricken und Häkeln sind Kult. Nicht nur Schals, Stulpen und Mützen gehen Einsteigern flott von der Nadel, sondern auch Taschen oder Decken. Und selbst kleinere Möbel wie Hocker oder Poufs lassen sich stricken. Fortgeschrittene wagen sich auch an Mäntel, Socken oder Handschuhe.

Petra Langer hat mit ihrem Wollladen einen lang gehegten Traum verwirklicht. Nach über 15 Jahren Selbstständigkeit mit einer Agentur für Incentive-Reisen sagte sie der Tourismusbranche ade, um 2012 im Stuttgarter Westen ihr Geschäft Maschenzauber zu eröffnen. Hier bietet sie eine große Auswahl an schönen Garnen in tollen Farben von Atelier Zitron, Bremont, Lana Grossa, Lang Yarns und Schulana, darunter im Sommer viel Baumwolle, Leinen, Seide, im Winter Merinowolle, Alpaka, Yak, Kaschmir. Weil das für ein Fachgeschäft wie ihres selbstverständlich ist, erhalten Kundinnen von Petra Langer zum Material die entsprechende Beratung, dürfen Anleitung und Tipps bei kniffligen Techniken und Modellen erwarten und kreative Ideen als Inspiration.

Darüber hinaus soll sich das großzügige Ladenlokal noch mehr zum Treffpunkt für Strick- und Häkelbegeisterte entwickeln. Petra Langer ist selber leidenschaftliche Strickerin, und ihr besonderes Steckenpferd ist »Lace«. Dank sehr lang laufender Garne entstehen dabei hauchzarte Tücher und andere feine Gebilde mit filigranen Lochmustern – aus einem 100-Gramm-Knäuel lässt sich ein ganzer Strickmantel zaubern.

Ob Yoga oder nicht, eine super Freizeitbeschäftigung mit durchaus meditativen Aspekten sei Stricken und Häkeln allemal, sagt die Inhaberin. Bei der man es sich abends einfach mal gemütlich machen kann.

Adresse Kornbergstraße 17, 70176 Stuttgart (West), Tel. 0711/91248442, www.maschen-zauber.de, wolle@maschen-zauber.de | **ÖPNV** Bus 40, Haltestelle Hegel-/Seidenstraße; U4, Haltestelle Russische Kirche | **Öffnungszeiten** Di–Fr 10–13 und 14.30–19 Uhr, Sa 10–14 Uhr | **Tipp** Der »Strick- und Häkeltreff« findet immer dienstags ab 18 Uhr statt und dient dem kreativen Austausch ebenso wie der Beratung.

59 Maute-Benger
Spitze, Strings und Sport-BHs

Für jede Figur, Größe und jeden Geschmack hält man hier das Passende bereit. Das größte inhabergeführte Wäschegeschäft Deutschlands punktet mit einer vielseitigen Auswahl und großer Markenvielfalt in rund 70 Unterbrustweiten und Cups. Neben feinen Dessous umfasst das Angebot auch Bademode, Brautlingerie, trägerlose und Sport-BHs sowie Nachtwäsche.

Das Traditionsgeschäft residiert an der zentralen Einkaufsachse der Stadt in einem markanten Gebäude, das 1838 als »Neue Canzley« errichtet und nach der Zerstörung im Zweiten Weltkrieg wiederaufgebaut wurde. Darunter erhalten blieb der historische Stiftskeller aus dem 16. Jahrhundert, ein eindrucksvoller meterhoher Gewölbekeller, der einst zur Lagerung von Wein diente und von Maute-Benger umgebaut wurde.

1844 gründete Wilhelm Benger aus Degerloch eine Werkstatt für Wirkwaren und eröffnete im Gerberviertel einen Laden. Seine Tochter Wilhelmine heiratete 1890 Gotthold Maute und erhielt den Laden als Mitgift. 1928 eröffnete der Gründerenkel Hermann ein zweites Geschäft an der Königstraße, das nach seinem Tod 1961 an Neffe und Großneffe Wilhelm und Werner Breuning überging.

Seit 2003 führen Anneke und Marjoke Breuning das Unternehmen. Stolz können sie auf mehr als 170 Jahre Firmengeschichte zurückblicken, der Erfolg der Gegenwart verdankt sich den beiden Schwestern. Dass Maute-Benger bei »Sterne der Wäsche« 2006, 2010 und 2015 den sogenannten Branchen-Oscar als bester Wäschefachhandel Deutschlands erhielt, hat viele Gründe. So ist die Ausbildungsquote hoch, und für die einladenden Schaufenster sorgt ein eigenes Dekoteam. Neben der Vielfalt des Sortiments zählt vor allem das kompetente und geschulte Personal als Pluspunkt. Bedient wird bis in die Kabine – um einen BH in einer anderen Größe zu bringen oder Häkchen zu schließen. Ein höchst geschätzter Service, denn was ist lästiger, als sich beim Wäschekauf mehrfach wieder an- und auszuziehen!

Adresse Königstraße 44, 70173 Stuttgart (Mitte), Tel. 0711/294164, www.maute-benger.de, info@maute-benger.de | **ÖPNV** U 2, 4, 11, 14, Haltestelle Rotebühlplatz; S 1, 2, 3, 4, 5, 6, 60, Haltestelle Stadtmitte | **Öffnungszeiten** Mo–Sa 10–20 Uhr | **Tipp** Im neuen Bikini oder Badeanzug sehen lassen kann man sich zu jeder Jahreszeit im »Mineralbad Berg«.

60 Meister Lampe
Zuckerbäckerin aus Fernost

Im Stuttgarter Westen macht eine Japanerin den Franzosen eine ureigene Domäne streitig – die der süßen Verführung mit Namen wie Chocolat rouge oder Opéra au caramel. Neben typischen Backwaren fürs Frühstück wie Brioches, Croissants und Baguette verlocken vor allem Tarte Tatin, Obsttartelettes, Eclairs und Macarons, perfekt und fein wie in Paris, zu einem Einkauf in der Patisserie. Neugierige probieren die französischen Klassiker in zeitgemäßer Neuinterpretation, etwa die Tarte au citron als Yuzu- oder Bergamotteversion.

Früher war Tomomi Sugimoto noch ab und zu zum »Spionieren« in Paris. Daran ist momentan nicht zu denken, die Konditormeisterin steht von frühmorgens bis mittags in der Backstube und anschließend im Verkauf. Selbst an den Ruhetagen ruht sie nicht, sondern bereitet die Teige vor. Auf ausgesuchte Zutaten legt sie dabei großen Wert: Ein Produkt kann nur so gut schmecken, wie seine Zutaten es zulassen, so ihr Credo. Also bezieht die Konditormeisterin manches direkt aus Frankreich; auf Crème fraîche aus Isigny und Butter aus der Region Poitou-Charentes schwört sie geschmacklich.

Nach ihrer Ausbildung zur Patissière in Japan brachte ein Austauschprogramm für Handwerker die junge Frau nach Düsseldorf und Ratingen. Weitere Stationen folgten, das Hotel Bareiss in Baiersbronn, die Meisterprüfung in Köln, dann Frankfurt und die Confiserie von Breuninger. 2012 machte sich die Japanerin in Stuttgart selbstständig; Meister Lampe heißt ihr Geschäft, weil sie mit der »Häschenschule« Deutsch gelernt hat.

Tomomi Sugimoto selbst mag am liebsten Windbeutel und nennt ihren Laden ausdrücklich auch Konditorei. Perfekt backt sie Schwarzwälder Törtchen, Käse- und Apfelkuchen oder Stollen für die Adventszeit. Während neue Pariser Konditoreien sich oft glamourös inszenieren, setzt die Zuckerbäckerin in ihrem sachlich-puristischen Laden ganz auf die Verführungskraft ihrer feinen Törtchen.

Adresse Bebelstraße 67, 70193 Stuttgart (West), Tel. 0711/63326922, www.konditorei-meister-lampe.de, info@konditorei-meister-lampe.de | **ÖPNV** U 2, 9, Haltestelle Arndt-/Spittastraße | **Öffnungszeiten** Mi, Do 12–16.30 Uhr, Fr und Sa 12–17 Uhr, So und Feiertage 13–16 Uhr | **Tipp** Wein aus der Spitzenlage Cannstatter Zuckerle kann auch trocken sein. Zum Beispiel vom »Weingut Rux« (www.ruxwein.de).

61 Mercedes-Benz Museumsshop

Rund um den Stern

Das berühmte Markenzeichen grüßt nicht nur vom Turm des Stuttgarter Hauptbahnhofs und ziert die Kühlerhauben der Mercedes-Benz-Fahrzeuge – das Logo schmückt auch die Vielfalt der Accessoires rund um die Automobilmarke. In der Passage des Mercedes-Benz-Museums gibt es die weltweit größte Auswahl an Mercedes-Benz-Produkten: Darunter preiswerte Artikel wie Postkarten, Kugelschreiber, Schlüsselanhänger und Spielzeugautos, aber auch exklusive, handgefertigte Modellauto-Einzelstücke.

Die maßstabsgetreuen Klassiker vom Rennwagen W 25 bis zum Flügeltürer 300 SL dürften selbst Volvo- oder Citroën-Fahrer begeistern, ob im Maßstab 1 : 87, 1 : 43, 1 : 18 oder 1 : 12. Teils sind es Meisterwerke im Miniaturformat aus bis zu 1.000 Einzelteilen, bei denen die Instrumente von Hand ins Armaturenbrett gesetzt, Sitze mit Leder oder Stoff bezogen und der Wagenboden und Kofferraum mit Teppich ausgelegt wurden.

Auf die junge Generation warten USB-Sticks, iPhone- und iPad-Hüllen und eine Computermaus in Form eines 300 SL. Auch für Kids ist die Produktwelt schon umfangreich, umfasst Schnuller und Lätzchen, Bekleidung, Spielzeug, Rennwagen aus Holz und Autos aus Plüsch sowie Bobby-Benz und schnittige 300-SL-Kinderautos, damit auch die Kleinsten schon markenbewusst unterwegs sein können.

Vor allem aber können sich Mercedesfahrer und -fahrerin elegant und sportlich ausstatten, mit Sonnenbrille und Armbanduhr, Reisekoffer und Geldbeutel, Lederjacke, T-Shirt, Polohemd und Cap. De facto können sogar Oldtimer-Besitzer stilecht reisen: mit Picknickkorb, lederummantelter Thermosflasche, Schiebermütze oder Fahrerkappe und Handschuhen aus Leder und kariertem Innenfutter. »Pur« gibt's das Logo übrigens auch: Sechs historische Varianten als Pins zum Anstecken.

Adresse Mercedesstraße 100, 70372 Stuttgart (Untertürkheim), Tel. 0711/1730000, www.mercedes-benz.com/classic-shop, classic@daimler.com | **ÖPNV** Bus 56, Haltestelle Mercedes-Benz Welt | **Öffnungszeiten** Di–So 10–18 Uhr (Einkauf ohne Museumseintritt möglich) | **Tipp** Von einer Pferdestärke bis zum Rennwagen durch mehr als 125 Jahre Automobilgeschichte reist der Besucher im auch architektonisch spektakulären »Mercedes-Benz Museum«.

62 Merz & Benzing
Dekorativissimo

In den 1970er Jahren wäre die Markthalle beinahe abgerissen worden. Heute steht sie unter Denkmalschutz. Wie das Jugendstilgebäude des Architekten Martin Elsaesser ist auch Merz & Benzing weit über die Grenzen der Stadt hinaus bekannt, denn der Concept Store für Küche und Tisch, Bett und Bad, Garten, Beauty und Lifestyle übt eine magische Anziehungskraft aus. Im Obergeschoss der historischen Markthalle offeriert er viele schöne Dinge, ohne die das Leben möglich, aber nicht sinnvoll wäre. Die Herde von La Cornue zum Preis eines Kleinwagens treffen auf Gartengeräte der fränkischen Werkzeugmanufaktur Krumpholz, handgeschmiedetes Kupfergeschirr auf Bettwäsche der Leinenmanufaktur Leitner, duftende Seifen auf blühende Topfpflanzen, edles Badzubehör auf hübsche Tagesdecken.

DIY-Freunde, die ihr Heim selbst verschönern möchten, finden hier die exklusiven Wandfarben und Tapeten der englischen Traditionsfirma Farrow & Ball ebenso wie Meterware mit schönen Mustern und besonderen Designs für Vorhänge, Hussen oder Kissen. Sorgfältig ausgewählte Bücher liefern Rezepte oder Inspiration für Einrichtung und Dekoration, auch eine kleine Auswahl an Feinkost gehört zum Sortiment.

Die Inhaber Dorothee Merz und Martin Benzing legen Wert auf schönes Design, erstklassige Materialien, solide Handwerkskunst und beste Verarbeitung. Mit ihren Lieblingsstücken okkupieren sie rund 3.000 Quadratmeter in der Markthalle, zur offenen Galerie kommen frische Schnittblumen im Erdgeschoss und Möbel im Untergeschoss – oft weit gereiste Einzelstücke aus Afrika, Asien und Amerika. Zum umfangreichen Serviceangebot gehören außerdem eine Beautyabteilung, Hochzeits-, Geschenk- und Floristik-Service, Online-Wunschlisten und Maßatelier. Kein Wunder, dass nicht nur die Markthalle, die 2014 ihren 100. Geburtstag feierte, sondern auch Merz & Benzing zu den Lieblingsadressen vieler Stuttgarter und Stuttgart-Besucher gehört.

Adresse Markthalle, Dorotheenstraße 4, 70173 Stuttgart (Mitte), Tel. 0711/239840, www.merz-benzing.de, office@merz-benzing.de | **ÖPNV** U 5, 6, 7, 12, 15, Haltestelle Schlossplatz | **Öffnungszeiten** Mo – Fr 9.30 –19 Uhr, Sa 9 –18 Uhr | **Tipp** Mit einem Glas Sekt oder beim Cappuccino auf das bunte Treiben in der Markthalle schauen, das geht im Restaurant »Empore« oben auf der Galerie.

63 Messer Müller
Scharfe Sachen fürs Schnippeln und Schneiden

Nicht nur für kleine und große Jungs ist das sorgfältig gestaltete Schaufenster gegenüber der Stiftskirche ein Blickfang. Manch einen, heute Erwachsenen, faszinierte das überdimensionale bewegliche Schweizer Messer mittendrin schon als Kind. Ob ein Perceval-Taschenmesser mit einem Griff aus Giraffenknochen aus der Messerstadt Thiers, Güde-Brotmesser aus Solingen, Küchenbeile von Dick oder Unikate von Messermachern aus der Region – wenigstens einige der scharfen Klingen würde man gerne sein Eigen nennen.

Gefragt bei den Kunden sind zwar vornehmlich traditionelle Messer, etwa die teuren japanischen Kochmesser oder französische Hirtenmesser, aber Messer Müller führt auch die von Designern wie Philippe Starck gestalteten modernen Serien bis hin zu den Laguiole-Tafelmessern mit einem Griff aus Rosenblüten in Acryl.

Im Sortiment vertreten sind außerdem weitere »scharfe Sachen« wie die bei Hobbyköchen hoch geschätzten Reiben von Microplane (übrigens eine Weiterentwicklung von Hobeln zur Holzbearbeitung) und eine große Auswahl an Scheren, Rasiermessern und Maniküresets guter Qualität in schönen Etuis sowie das Besteck von Mono, ein Designklassiker aus Edelstahl.

Zwar heißen die beiden Geschwister Daniela Schäfer und Steffen Welz nicht mehr Müller, doch sie führen einen Familienbetrieb mit langer Tradition, der 2012 schon sein 175-jähriges Jubiläum feiern konnte. Einst durfte man sich sogar mit dem im 19. Jahrhundert verliehenen Titel einer königlich württembergischen Hofmesserschmiede schmücken.

Auch wenn nach wie vor häufig der Vater dem Sohn oder Opa dem Enkel das erste Taschenmesser schenkt, kaufen und sammeln längst auch Frauen edle Schneidwerkzeuge. Unlängst zeigte sich die Profiköchin Sarah Wiener, die selbst mit der »Manufaktur Pott« ein so elegantes wie qualitätsvolles Kochmesserset entwickelte, sehr angetan von der Auswahl im Geschäft.

Adresse Kirchstraße 10, 70173 Stuttgart (Mitte), Tel. 0711/246388, www.messer-mueller.de, mail@messer-mueller.de | **ÖPNV** U 5, 6, 7, 12, 15, Haltestelle Schlossplatz | **Öffnungszeiten** Mo–Fr 10–19 Uhr, Sa 10–18 Uhr | **Tipp** Die »Holanka Bar«, ein kleines Stehcafé in der Kirchstraße, bietet den Hochlandkaffee aus eigener Röstung an, den es direkt neben Messer Müller auch zu kaufen gibt.

64 Metropolis
Der Stil der schmucken Zwanziger

Ob Silberdose von Christofle oder WMF-Vase aus irisierendem Myra-Glas, Salonsessel oder Bartresen in klaren, eleganten Formen – Metropolis führt nur echte Art-déco-Schätze aus den 1920er und 1930er Jahren. Kunden kommen in die Galerie am Fuße der Karlshöhe vor allem, um sich mit den Stücken stilvoll einzurichten, daher findet sich ausnahmsweise auch schon mal eine Kaminumrandung aus Terrazzo zwischen Mobiliar, Lampen, Glaskunst und Silber. Schon seit Ende der 1980er Jahre stöbern Michael Handerer und Thomas Becker vor allem in Frankreich Originale auf, mit über die Jahre stetig gewachsenem Gespür für das Besondere. So brachten sie schon aus Galalith gefertigten Art-déco-Modeschmuck aus Frankreich mit, noch bevor die Entdeckung von Musterbüchern dazu führte, dass die Stücke mittlerweile Jakob Bengel aus Idar-Oberstein zugerechnet werden und die Preise in exorbitante Höhen kletterten.

Manche Rarität finden die beiden Inhaber in L'Isle-sur-la-Sorgue, mit über 200 Händlern und großen Messen ein Antiquitätenzentrum in der Provence, anderes dank guter und langjähriger Kontakte in Paris, wo auch der Name Art déco seinen Ursprung hat: Nach der Ausstellung »Exposition internationale des Arts Décoratifs et Industriels Modernes« im Jahr 1925, auf der rund 15.000 Aussteller Kunstgewerbe und Industriedesign präsentierten, wurde der Stil benannt.

Der Controller und der Kunsterzieher sind leidenschaftliche Sammler mit einer Vorliebe für Champagnerkühler: Eines ihrer Exemplare ist ein Entwurf für den Speisesaal des französischen Ozeandampfers »Normandie«. Der berühmte Transatlantikliner machte 1935 nicht nur durch seine Größe Furore, auch die Innenausstattung im Stil des Art déco galt als legendär. Unter Luc Lanel, damals künstlerischer Leiter von Christofle, entwarf und fertigte die traditionsreiche, 1830 gegründete Silberschmiede rund 40.000 heute sehr gesuchte Stücke für das Passagierschiff.

Adresse Reinsburgstraße 51 b, 70178 Stuttgart (West), Tel. 0711/610099, www.artdeco-metropolis.de, info@artdeco-metropolis.com | **ÖPNV** Bus 92, Haltestelle Schwabstraße/Reinsburgstraße; S 1, 2, 3, 4, 5, 6, 60, Haltestelle Schwabstraße | **Öffnungszeiten** Di–Fr 17–19 Uhr, Sa 10.30–14 Uhr | **Tipp** Der imposante »Gänsepeterbrunnen« erinnert an Zeiten, als kurz vor dem Martinstag im November große Gänsescharen aus den umliegenden Dörfern zum Markt nach Stuttgart getrieben wurden.

65 mono+
Die Sixties in Teak

Vor der blauen Wand kommen die übereinander aufgereihten Vintagesessel und Teakstühle bestens zur Geltung. Weil das Ladenlokal eher klein ist, wird in die Höhe gestapelt, doch irgendwie sorgt gerade das für die sympathische Atmosphäre, in der man sich gerne umschaut. Links liegt die Werkstatt, in der Matthias Dietz Möbel aufarbeitet, rechts hinter dem Nebenraum noch ein gut gefülltes Lager.

Läge sein Laden in Paris, das haben dem Inhaber schon viele Leute überzeugend versichert, dann wäre er im Nullkommanichts leergekauft. Tatsächlich sind in der französischen Metropole skandinavische Möbelklassiker und das Design der 1960er Jahre um einiges gefragter – und teurer! – als in Deutschland, wo den Hype eher Magazine, Hotels und Bars befeuern als die private Nachfrage. Noch dazu liegt mono+ für Stuttgarter Verhältnisse etwas versteckt, für Laufkundschaft sogar recht abseits. In der Weimarstraße ist das Geschäft in einem Altbau von 1856 das einzige Ladenlokal, ursprünglich nach dem Zweiten Weltkrieg als Eisenwarengeschäft für die im Hof gelegene Schlosserei eingebaut.

2003 hat Matthias Dietz die leer stehenden Räume als Büro gemietet (er arbeitet hauptberuflich als Produktdesigner) und selbst renoviert. Ins Schaufenster stellte er ein paar Möbel, mit seiner Telefonnummer auf einem Zettel: So fing alles an.

Heute zeigen hier recht viele Sitzmöbel, Sideboards, Tische und Lampen, dass das Design von gestern hochaktuell ist: Die zeitlose Formensprache der Möbel lässt sie auch nach Jahrzehnten noch modern aussehen. Käufer schätzen überdies den Wertbestand – sich komplett im Sixties-Stil einzurichten ist eher die Ausnahme, doch wer einen Stuhl von Egon Eiermann, Hans Wegner oder den Eames erwirbt, kann ihn auch für die gleiche Summe wieder verkaufen. Ein neues Sofa dagegen verliert vom ersten Tag an an Wert – so wie Neuwagen im Vergleich zu Oldtimern.

Adresse Weimarstraße 17, 70176 Stuttgart (West), Tel. 0172/8759033, monoplus@web.de | **ÖPNV** S 1–26, 60, Haltestelle Feuersee | **Öffnungszeiten** Fr 16–20 Uhr, Sa 11–14 Uhr | **Tipp** Ein Spross der 1960er Jahre ist auch das Gebäude des Baden-Württembergischen Landtags, das bei der Generalsanierung Tageslichtzufuhr für den Plenarsaal erhielt.

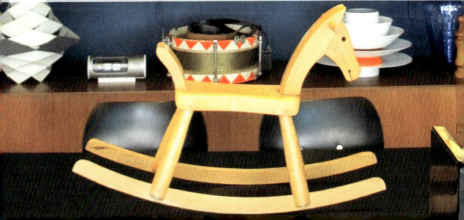

66 — Le Néné
Dessous für die Seele

Flieder, Altrosa, Taubenblau: Dass Feminines hier die Hauptrolle spielt, davon künden die zarten Farben. Die Wäscheboutique in der Seestraße wirkt zudem wie aus Frankreich nach Deutschland gebeamt: Nicht nur die leise Musik und ein paar Bücher auf dem Tischchen spiegeln die Vorliebe Jana Wagners für Paris, auch der Name ihres Geschäfts: Le néné ist ein französischer Slangausdruck für Titte. Was dazu führte, dass ein französischer Lieferant ihr zunächst mitteilte, er beliefere keine Stripclubs. So ungewöhnlich wie der Name ist auch das Konzept der Dessous-Boutique: Das Angebot richtet sich an Frauen mit Brustkrebs. Alle BHs, Badeanzüge und Bikinis haben entweder eine Innentasche für Prothesen oder Jana Wagner näht diese selbst ein.

Dass der erste Dessous-Einkauf nach einer Brust-OP schwierig wird, liegt auf der Hand. Für die Beratungsgespräche werden Einzeltermine vereinbart, in denen Zeit und Vertrauen das Wichtigste sind. Seit Jana Wagner Ende 2014 ihre Boutique für Lingerie und Bademode eröffnete, erhält das Le Néné stetig mehr positive Rückmeldungen. Einen Wohlfühlort für Frauen zu schaffen ist gelungen: Das Design für den so pariserischen Auftritt übernahm das Stuttgarter ADDA Studio, vom Logo bis zur Visitenkarte und von der Innenausstattung bis zur Website.

Dank der Empfehlungen zufriedener Kundinnen, aber auch über Ärzte und Reha-Kliniken hat sich bis nach Bayern und Berlin, in die Schweiz und Dubai herumgesprochen, dass in diesem Fachgeschäft so kompetente wie sensible Beratung zu Passform und Prothetik in ausgesprochen behaglicher Atmosphäre stattfindet. Und selbstverständlich können alle Produkte auf Rezept abgegeben werden.

Jana Wagners Credo: Frauen möchten sich sexy, schön und weiblich fühlen, aber nicht auf ihre Brüste reduziert werden. Auch nach der Diagnose Brustkrebs sollte ein BH kein notwendiges Übel sein, sondern verführerisches Dessous bleiben.

Adresse Seestraße 63, 70174 Stuttgart (Nord), Tel. 0711/217247640, www.le-nene.de, info@le-nene.de | **ÖPNV** Bus 43, Haltestelle Hölderlinstraße | **Öffnungszeiten** Mo–Fr 10–17 Uhr nach Vereinbarung, Sa 10–14 Uhr ohne Voranmeldung | **Tipp** Der Bismarckturm auf dem Gähkopf im Stuttgarter Norden ist an den Wochenenden für Besucher geöffnet.

67 — Night Delight
Wäsche für mehr

Wer sich wohlfühlt, strahlt Selbstbewusstsein aus. Das ist meist nicht nur eine Stilfrage oder abhängig von Gewicht oder Aussehen. Welche Frau wüsste nicht, dass die perfekte Passform das A und O auch bei Unterwäsche ist, und doch tragen viele die falsche BH-Größe. Ulrike Brucher misst jede Kundin gerne neu aus, ihr Auge ist aber so geschult, dass ihr ein Blick reicht, um auf Anhieb zur richtigen Größe zu greifen.

Ulrike Bruchers Konzept heißt Schönheit, Wohlbefinden und Schmeichelndes für alle Sinne; mit Night Delight hat sie ein kleines, persönliches Geschäft für Frauen eröffnet, mit feiner Lingerie aus schönen Materialien, darunter die Eigenmarke Ecoline. Trotz der nur 35 Quadratmeter Verkaufsfläche ist der Shop weniger intimes Boudoir als klarer und puristischer Wäsche-Concept-Store.

Neben femininen Dessous und schicker Bademode gibt es auch Homewear – edle Seidenpyjamas, hübsche Bikinis, feine Spitzen-BHs und hauchzarte Pantys von Marken wie Mimi Holliday, Asceno, 1979 und Stella McCartney. Wert auf Tragekomfort und passgenaue Schnitte legt etwa das junge deutsche Label AIKYOU. Die beiden Designerinnen aus Karlsruhe kreieren spezielle Lingerie für Frauen mit kleinem Busen – anschmiegsame Höschen und BHs ohne Mogelpolster und einengende Bügel oder Stäbchen.

Luxus auf der Haut bietet auch die Naturkosmetik von Susanne Kaufmann. Die Manufaktur aus dem Bregenzerwald setzt die Pflegelinie »Organic Treats« – darunter Molkebad und Johanniskrautbad, Körperbutter, Detox-Basensalz und Anti-Cellulite-Creme – auch im eigenen Spa im »Hotel Post« in Bezau ein. Außerdem gibt's noch Düfte und filigranen Schmuck, beispielsweise die in Häkeltechnik gefertigten zarten Silberketten der Altdorfer Schmuckdesignerin Karina Bäurle, sowie Champagner und Schokolade: Denn im Night Delight findet jede Frau nicht nur ihre ganz persönlichen Wohlfühl-Dessous, sondern auch andere süße Dinge.

Adresse Sophienstraße 15, 70178 Stuttgart (Mitte), Tel. 0711/6338433, www.nightdelight.net, info@nightdelight.net | **ÖPNV** U 1, 14, Haltestelle Österreichischer Platz | **Öffnungszeiten** Mo–Fr 11–20 Uhr, Sa 11–16 Uhr | **Tipp** Wer trotz oder gerade wegen toller Unterwäsche an Figur und Fitness feilen möchte, kann dies im Trainings- und Wellnessstudio »Elements« an der Paulinenbrücke tun.

68 NIKOManufakt
Alles außer Kratzbürsten

Schweineborsten, Ross-, Dachs- und Ziegenhaar, Kunstfasern wie Perlon und Elaston oder Naturfasern wie Kokos, Arenga und Agavenfiber: So unterschiedlich wie das Material sind auch die Anwendungen. Bei NIKOManufakt findet man daher nicht nur Besen, Schrubber und Handfeger, sondern auch Kleider-, Schuh- und Haarbürsten, Teppich- und Tapezierbürsten, Massage-, Bade- und Babybürsten, Kosmetik und Rasierpinsel, Künstler- und Malerpinsel, Pferdekardätschen und Mähnenbürsten, Topfkratzer, Flaschen- und Spülbürsten. Was wird vom Keller bis zum Boden und von Haaren bis zur Haut nicht alles gebürstet und gefegt, abgestaubt und gereinigt! Das Sortiment ist teils hochgradig spezialisiert: Klaviaturbürste gesucht? Gibt's. Tank- oder Teerschrubber gesucht? Gibt's. Tastaturbürste? Gibt's. Fassbürste? Gibt's. Und so ginge es endlos weiter.

Dabei ist das alte Handwerk der Besenbinder, Pinsel- und Bürstenmacher, das meist über Generationen praktiziert wurde und oft mit dem Hausierhandel verbunden war, heutzutage vom Aussterben bedroht. Wer bei NIKOManufakt einkauft, fördert daher nicht nur die Werkstatt, in der blinde und sehbehinderte Menschen in Handarbeit Bürsten und Besen binden, sondern er unterstützt auch die Weitergabe von Handwerkstechniken.

Je nach Verwendungszweck werden feste Bürstenrücken mit Tierhaaren, Pflanzenfasern oder Kunstborsten bestückt und diese dann fixiert. Der Laden in Stuttgart und die Produktionsstätte in Esslingen gehören zur «Nikolauspflege», einer bereits Mitte des 19. Jahrhunderts gegründeten Stiftung, die sich um gesellschaftliche Teilhabe und schulische und berufliche Bildung von sehbehinderten und blinden Menschen kümmert.

Zusätzlich zum großen Sortiment und Webwaren wie Handtüchern bietet NIKOManufakt noch Sonderanfertigungen nach individuellen Wünschen an, vom Werbegeschenk mit Firmennamen oder Logo bis zum Tennisplatz-Abziehbesen in Überlänge.

Adresse Fritz-Elsas-Straße 38, 70174 Stuttgart (Mitte), Tel. 0711/9392160, www.nikomanufakt.de, kontakt@nikomanufakt.de | **ÖPNV** U 2, 4, 9, 14, Haltestelle Berliner Platz | **Öffnungszeiten** Mo–Do 9–11.45 und 12.15–17 Uhr, Fr 9–13 Uhr | **Tipp** Der Verein »Kultur für alle Stuttgart e.V.« (www.kultur-fuer-alle.net) macht sich seit 2010 stark für Inklusion und Teilhabe von Menschen mit Behinderung an Kultur in der Landeshauptstadt.

69 — Oma Schmidt's Masche
Proseccotäschchen und Eierwärmer

Die Klopapierhüte im Schaufenster signalisieren gleich: Hier setzt sich jemand lustvoll über Vorurteile hinweg. Über viele Jahre war Häkeln ein altmodisches Hobby nur für Großmütter. Als Inbegriff des Langweilig-Muffigen galten gehäkelte Überzieher für Klopapierrollen, die neben Wackeldackeln leicht Aufnahme in die Top Ten der geschmacklosesten Autoaccessoires fanden. Kitsch und Kult lassen grüßen: Auch im Ladeninneren überwiegt die ironische Brechung, mit neobarocken, goldenen Wänden, 50er-Jahre-Hutablagen, dazwischen gehäkelte Hirschgeweihe und rosa Cupcakes, Brezel-Schlüsselanhänger, VfB-Topflappen und Häkel-Kakteen.

Für den schrillen Mix mit coolem urbanem Touch können sich junge Großstädter nicht nur in der »Langen Nacht der Maschen« begeistern, die Inhaber Manfred Schmidt ab und zu organisiert. Seit Stricken und Häkeln richtig hip geworden sind, stricken junge Mütter in seinen Selbermachkursen ihre erste Babydecke. Sein jüngster Kunde ist 7 Jahre alt, die älteste Kundin über 80.

Doch die lässige Atmosphäre ist nur die eine Seite. Was mit Manfred Schmidts eigener, inzwischen verstorbener Oma einst begann, war zunächst als liebevolle Beschäftigungstherapie gedacht, dann kamen ein Onlineshop dazu und eine Kerntruppe von rund 30 handarbeitenden Seniorinnen, schließlich der Laden. Der führt eben nicht nur lustige Geschenke, sondern auch Garne von Polyacryl bis Kaschmir, Zubehör und Handarbeitsliteratur. Von Messen bringt er mit, was gerade in ist: Wolle mit Regenschutz, mit Reflektorfäden oder Farbverlauf, aus Recyclingwolle oder mit Ökotest-Siegel, Wolle für Allergiker und vegane Garne aus Pflanzenfasern.

Auftragsanfertigungen gehen auch, Sonderwünsche werden gern erfüllt: Einfach vorbeikommen, Wünsche beschreiben, Wolle aussuchen – Manfred Schmidts Omis können alles, was sich mit Strick- oder Häkelnadeln umsetzen lässt. Wenn's sein muss, auch eine gehäkelte Bohrmaschine.

Adresse Herzogstraße 4, 70176 Stuttgart (West), Tel. 0711/91256891, www.omaschmidtsmasche.de, hallo@omaschmidtsmasche.de | **ÖPNV** S 1, 2, 3, 4, 5, 6, 60, Haltestelle Feuersee | **Öffnungszeiten** Di–Fr 12–14 und 16–19 Uhr, Sa 10–18 Uhr | **Tipp** Die »Lange Nacht der Museen« gibt alljährlich im Frühjahr spannende Einblicke in die Stuttgarter Kulturszene. Museen, Kulturinstitutionen, Galerien und Atelierhäuser öffnen ihre Türen.

70 __ PAPPNASE & CO.
Manege frei für Bewegungskünstler

Wenn Kinder in den Ferien Zirkusluft schnuppern, macht sich das anschließend in der Olgastraße bemerkbar. Die Kunststücke, die kleine Nachwuchsartisten in Zirkus-Schulprojekten oder Ferienprogrammen einüben, machen richtig Spaß und wecken die Lust an Akrobatik. Ganz besonders natürlich, wenn man als Star in der Manege für den Auftritt ordentlich Applaus erhalten hat. Bei Pappnase & Co. steigt dann die Nachfrage nach Einrädern und Laufkugeln, nach Bällen und Keulen zum Jonglieren und nach Trapez, Netz und Ringen für Akrobatik.

In der Regel unterstützen die Eltern solche Wünsche äußerst bereitwillig. Denn wie wichtig Bewegung für Kinder ist, muss eigentlich kaum jemandem erklärt werden – und doch hopsen und hüpfen, klettern und schaukeln, springen und balancieren Kinder immer weniger. Auch für die spielerische Förderung durch coole Outdoorgeräte sind Eltern daher dankbar. Neben der Auswahl an bunten Diabolos aus Gummi, die robuster und drehstabiler sind als vergleichbare Halbschalen aus Kunststoff, eignen sich auch Tücher, Teller, Ringe, Bean Bags und Devilsticks zum Jonglieren. Zu den Klassikern Stelzen, Springseil und Hula-Hoop-Reifen gesellen sich Rola-Bola-Balancebretter, Lauftrommeln und Slackline-Sets, Ball- und Wurfspielgeräte.

Neben dem Geschäft in Stuttgart gibt es Läden in München, Hamburg und Frankfurt, die auf jeweils 80 Quadratmetern nicht immer alle Produkte aus dem Katalog des Hamburger Versandhauses führen, doch jederzeit bestellen können. Besonders die ganz großen Artikel wie Zirkuszelte sind nicht vorrätig, dafür Zauberkästen, Theaterschminke, Masken und Perücken sowie jede Menge Geschenkartikel und kleiner Schnickschnack für Kindergeburtstage. Vorteil gegenüber der Onlinebestellung: Die Kleinteile gibt es nicht nur in Verpackungseinheiten, sondern teils auch lose. Also hereinspaziert, hereinspaziert!

Adresse Olgastraße 47, 70182 Stuttgart (Mitte), Tel. 0711/2364484, www.pappnase-stuttgart.de, pns@pappnase.de | **ÖPNV** U 5, 6, 7, 12, 15, Haltestelle Olgaeck | **Öffnungszeiten** Mo – Fr 10–19 Uhr, Sa 10–16 Uhr | **Tipp** Der »Circus Circuli« präsentiert ein festes Zirkusprogramm und kooperiert als mobiler Kinder- und Jugendzirkus auch mit Stuttgarter Schulen und Jugendhäusern.

71 Piccadilly English Shop
Best of British

Die Gurke ist ein Muss. Den legendären Pimm's, Quintessenz des Britentums, trinkt man an heißen Sommernachmittagen oder bei Gartenpartys. Serviert wird der Gin-Likör typischerweise im Krug, aufgegossen mit Ginger Ale und angerichtet mit Minze, Gurken- und Zitronenscheiben. Von dem populären Getränk sollen allein in Wimbledon jedes Jahr rund 80.000 Gläser verkauft werden, ganz zu schweigen von Sportveranstaltungen in Lord's Cricket Ground.

In den Regalen des Piccadilly English Shop finden sich viele britische Spezialitäten, auf die der Expat in Deutschland nicht verzichten möchte: Lemon Curd und Orangenmarmelade, Chutneys, Minz- und HP-Sauce, Senfpulver und Colman's Mustard, Cookies und Shortbread, Salt and Vinegar Crisps, Pork Scratchings und Cheddar Biscuits. Selbstverständlich auch Tee von Twinings und Tetley, denn englische Mischungen sind viel kräftiger als kontinentaleuropäische. Lustig: Den Hefeextrakt Marmite lieben Briten zweckentfremdet als Brotaufstrich, und Christmas Crackers gibt's auch im Sommer. Teils kommen sogar Englischlehrerinnen mit ihren Klassen zu Rallyes in den Laden, dann beantworten die Native Speakers unter den Mitarbeitern gerne Fragen.

Doch bilden Briten nicht die Mehrheit der Kunden, längst haben Vielreisende manch typisches Produkt aus England, Schottland oder Wales schätzen gelernt. Auch wer ein besonderes Mitbringsel sucht, ist im Laden von Peter und Regina Sondheim bestens aufgehoben. Wie wär's mit den humorvollen Comics »How to be British« von Martyn Ford und Peter Legon? Die Auswahl an Geschenkartikeln für Anglophile ist groß, ob mit Bildern der Royals oder dem Union Jack, der Flagge des Vereinigten Königreichs.

Nicht zuletzt haben »Bevvies« großen Anteil am Sortiment: Neben obergärigem Ale und Cider, einer Art Apfelwein, gibt's zahlreiche Gin- und Whisky-Marken, Sherry, Portwein und natürlich Pimm's No. 1.

Adresse Schellingstraße 11, 70174 Stuttgart (Mitte), Tel. 0711/2260902, www.piccadilly-english-shop.de, piccadillyenglishshop@t-online.de | **ÖPNV** U 9, 14, Haltestelle Keplerstraße (Friedrichsbau) | **Öffnungszeiten** Mo–Sa 10–19 Uhr | **Tipp** Im »Bestwhisky-Shop«, dem zweiten Geschäft in der Rotenwaldstraße, mit Lagerverkauf und Tasting Room für die große Auswahl an Single Malt Whisky, kommen alle Whiskyliebhaber auf ihren Geschmack.

72 PITTSBALLOON
Die Ballon-Artisten

Deutlich mehr als 99 Luftballons gibt's bei Pittsballoon. Wann immer in Stuttgart bei einem Event Tausende von Ballons in die Luft steigen, steckt wahrscheinlich Hans-Peter Bulant dahinter. Ob für die Landesgartenschau in Sigmaringen oder Eröffnung des Mercedes-Museums in Stuttgart, den Modemessen-Catwalk in Berlin oder den Frankfurt-Marathon – heute ist das Team ständig für große Firmen und Projekte unterwegs. Hinzu kommen Ballondekorationen für etliche Hochzeiten und Familienfeiern an den Wochenenden – und der Laden in Gablenberg.

Während in den USA Ballonläden weit verbreitet sind und es mit dem »Certified Balloon Artist« sogar ein staatlich anerkanntes Ballondiplom gibt, hat Pittsballoon vor rund zwei Jahrzehnten mal ganz klein angefangen. Seither ist das Unternehmen sukzessive gewachsen, und die Eventdekoration entwickelte sich zum wichtigen Geschäftszweig, von Ballongirlanden zur Geschäftseröffnung bis zu Ballondrops an Silvester.

Im Laden liegt der Schwerpunkt auf der riesigen Auswahl an kreativen Ballons und größeren Arrangements in Form von Ballonsträußen, mit Luft oder Helium gefüllt. Neben klassischen Latexballons in allen Formen, Farben und Größen finden sich auch singende Ballons, wackelnde Airwalker und Folienballons im Sortiment sowie jede Menge Partybedarf vom Pappteller bis zu Konfetti. Für private Feiern und Mottofeste, Babypartys, runde Geburtstage, silberne und goldene Hochzeit gibt's allerhand Gimmicks. Kanone für Rosenblätter aus Papier gesucht? Oder soll es lieber Herzen oder Sterne regnen? Gefragt sind zudem Ballongeschenke als Verpackung für Geld oder Gutscheine. Wer will, erhält auch das ganze Paket zum Selbermachen – Ballons und Schnüre, dazu Heliumflasche oder Ballonkompressor und Tipps und Tricks obendrauf. Denn das Team im Laden hat den Ehrgeiz, die Mama, die nur einen Ballon für ihr Kind kauft, genauso gut zu beraten wie die Eventkunden.

Adresse Gablenberger Hauptstraße 27, 70186 Stuttgart (Gablenberg), Tel. 0711/6333034, www.pittsballoon.de, info@pittsballoon.de | **ÖPNV** Bus 42, Haltestelle Libanonstraße; U4, Haltestelle Ostendplatz | **Öffnungszeiten** Mo–Fr 13–19 Uhr, Sa 10–16 Uhr | **Tipp** »Klein's Maultaschenhäusle« an der Gablenberger Hauptstraße bereitet täglich frische Maultaschen zu.

73 Porsche Museumsshop
Boxenstopp mit Badeenten

In Zuffenhausen, wo seit 1950 die Sportwagen hergestellt werden, deren Motorhaube das Stuttgarter Rössle ziert, steht auch das architektonisch eindrucksvolle Porsche Museum. Das von dem Wiener Architekturbüro Delugan Meissl futuristisch gestaltete Gebäude wird von drei v-förmigen Säulen getragen. Wer etwas aus dem 2009 eröffneten Museum mit nach Hause nehmen will, das nicht den Preis der ausgestellten Sportflitzer hat – und das es nicht alles beim Porschehändler als Merchandising-Artikel gibt –, wird im Museumsshop fündig.

Das breit gefächerte Sortiment enthält Erwartbares wie DVDs und Kalender, die tolle Auswahl an Modellautos, also Rennwagen und edle Karossen aus Gegenwart und Vergangenheit in Miniaturform, oder besondere Accessoires vom Schlüsselanhänger über Caps bis zum Poloshirt. Vor allem aber überzeugt der Museumsshop durch selbst entwickelte originelle Kleinserien rund um die Porsche-Historie. Zum einen gibt es limitierte Editionen zu den Themen der Wechselausstellungen, etwa ein Le-Mans-Brettspiel und Vesperbrettchen im Comicstil zur Schau »24 Stunden für die Ewigkeit«. Für Porscheclubs mit Sammeleifer hat das Besondere, nur in diesem Shop Erhältliche ohnehin einen ganz eigenen Reiz, aber auch Schulklassen oder Museumsbesucher freuen sich über witzige Ideen wie die ganze Wanne voller Porsche-Badeenten.

Zum anderen bietet das ebenfalls hier angesiedelte historische Archiv einen unerschöpflichen Fundus. Es umfasst als eines der größten Bildarchive im Automobilbereich mehr als drei Millionen Bilder und eine umfangreiche Sammlung von Dokumenten zur Automobil-, Renn- und Unternehmensgeschichte. Daraus wurde eine eigene Buchreihe entwickelt, die »Edition Porsche Museum«. Inhaltlich detailreiche, optisch und haptisch sorgfältig gestaltete Titel wie »911 x 911«, »Porsche Ladies« oder »Porsche Clubs« sind echte Schätze für echte Enthusiasten.

Adresse Porscheplatz 1, 70435 Stuttgart (Zuffenhausen), Tel. 0711/91123007, www.porsche.com/museum/de/shop, shop.museum@porsche.de | **ÖPNV** S 6, Haltestelle Neuwirtshaus/Porscheplatz | **Öffnungszeiten** Di–So 10–18 Uhr (auch ohne Museumseintritt zugänglich) | **Tipp** Gegenüber dem Museum gibt es in der Porsche-Niederlassung einen Driver's Selection Shop mit Mode und Accessoires, Fahrzeugzubehör und Lifestyleprodukten.

74 poule folle
Das verrückte Huhn

Gleich rechts im kleinen Atelier für Letterpress & Design steht die große gusseiserne Tiegeldruckpresse aus dem Jahre 1890, mit der Céline Hermel hochwertige Papeterie mit feinster Prägung herstellt. Beim Heusteigviertelfest setzt die Designerin das gute Stück bei den Druckvorführungen mehrmals im Lauf des Tages in Gang. Das über 125 Jahre alte Ungetüm hat die Druckerin eigens in den USA aufgetrieben und von dort nach Hamburg verschiffen lassen. In Stuttgart wurde die historische Chandler & Price Druckpresse dann in Millimeterarbeit durchs extra ausgebaute Schaufenster ins Atelier gehievt.

Poule folle, das verrückte Huhn, ist Céline selbst, schon zu Schulzeiten wurde die Halbfranzösin so genannt. Weil sie ihre Aktion, eine Druckpresse aus Amerika nach Deutschland zu verfrachten, sogar selbst verrückt findet, lag die Wahl des Markenzeichens nah, erläutert sie so charmant wie selbstironisch.

Die studierte Mediendesignerin hatte zunächst in einer Agentur gearbeitet. Den Letterpress-Trend in USA fand sie faszinierend, weil das gestaltete Produkt durch Handarbeit entsteht. Die perfekte Kombination für die Designerin, denn sie liebt die Mischung aus digitalem und analogem Arbeiten. Also machte sie sich auf den Weg nach Providence an der Ostküste der USA, wo sie im Atelier der »Ladyfingers Letterpress« das alte Druckverfahren von der Pike auf erlernte.

Im eigenen Ladenatelier im Heusteigviertel kann sie ihre Passion für Papier, Design, Typografie und Druck nun perfekt ausleben. Letterpress ist ein aufwendiges Druckverfahren und benötigt Zeit, etwa zum Einrichten der Presse. Auch Papierzuschnitt, Farbauftrag und Prägung erfordern handwerkliches Können und Geduld. Mit Liebe zum Detail entwirft und fertigt sie Grußkarten, Geschenkanhänger, Tischkärtchen, Einladungs-, Menü- und Visitenkarten. Verspielt oder elegant, blindgeprägt oder bunt, nur nie verrückt, sondern immer wunderschön!

Adresse Weißenburgstraße 18, 70180 Stuttgart (Mitte), Tel. 0174/1902197, www.poulefolle.com, info@poulefolle.com | **ÖPNV** U 1, 14, Haltestelle Österreichischer Platz | **Öffnungszeiten** Di, Do 12–19 Uhr | **Tipp** Espressobar für schwäbische Bohemiens: das »Herbert'z« in der Immenhofer Straße im Heusteigviertel.

75 prachtundprächtig
Spannungsreiche Beziehungen

Alt und neu, Augenblick und Ewigkeit, Tradition und Moderne: Dass Gegensätze sich anziehen, illustriert der schöne Eckladen im Bohnenviertel in allen Ausstellungsräumen. Restaurator Andreas Steckdaub und Raumausstatter Klaus Brösamle inszenieren dort eine spannungsreiche Mischung aus modernen Wohnaccessoires und Antiquitäten: mit leuchtend bunten Kissen und kuscheligen Wolldecken aus kleinen Manufakturen, Meterware für Polster und Vorhänge, Barockengeln, altem Mobiliar und Asiatika. Dazwischen überraschen ausgefallene Einzelstücke, etwa die eigenwilligen Betonlampen von einem Hamburger Designer oder die berühmte Zeppelindecke aus Merinowolle und Kaschmir, im Jahr 1928 für das Luftschiff LZ 127 im Einsatz und heute als Neuauflage wieder erhältlich.

Prachtundprächtig: Für den schönen Namen reichte ein geselliger Bierabend mit befreundeten Designern. Pracht zeigen und prächtig leben ist Name und Devise zugleich: Pracht steht für die ethnologischen Kultobjekte und die Volkskunst mit spirituellem Hintergrund, prächtig für moderne Wohnwelten.

Zusammen zeigen die Inhaber, beide mit langjähriger Erfahrung in ihren Berufen, wie wunderbar Antikes und Neues zusammenpassen. Und dass man vieles kombinieren kann, was eigentlich als unvereinbar gilt, auch Volkskunst aus Württemberg oder Bayern mit Antikem aus Indien, Nepal, Tibet oder Afghanistan. Ob Gebetsmühlen, altes Spielzeug, ein Stuhl aus Afghanistan, Krippenfiguren aus dem Allgäu, Votivbilder mit Engeln, betagte Kommoden, bemalte Holzschränke oder Heiligenskulpturen: Die Fundstücke werden professionell und behutsam restauriert. Vereinzelt erhält Andreas Steckdaub die Patina bei Objekten, denen man das Alter ansieht, oder belässt Antiquitäten in ihrem fragmentarischen Zustand. Authentizität ist ihm wichtiger als Makellosigkeit. In Japan heißt das Wabi-Sabi, die Vollkommenheit der Unvollkommenheit.

Adresse Rosenstraße 34, 70182 Stuttgart (Mitte), Tel. 0711/51892609, www.prachtundpraechtig.de, post@prachtundpraechtig.de | **ÖPNV** U 5, 6, 7, 12, 15, Haltestelle Olgaeck | **Öffnungszeiten** Di–Fr 11.15–18 Uhr, Sa 11–16 Uhr | **Tipp** Für das Restaurant »Hegel eins« im Lindenmuseum mixte der Architekt modernes Design und volkstümliches Jägerstüble.

76 Reyerhof
Bauernhof in der Großstadt

Fünf Mütter und rund ein Dutzend Kinder statten den Kühen einen Nachmittagsbesuch ab, das kleinste drückt noch fest den Teddy an sich, die anderen Kinder springen schon munter los. Eine typische Situation auf dem Reyerhof, denn im offen zugänglichen Stall sind Kinder willkommen. Da der Hof alle Kälbchen behält, ist auch regelmäßig Nachwuchs zu bestaunen. Bei Kaffee und Kuchen bleibt den Müttern Zeit für einen Plausch, und für die Kids gibt's köstliches hausgemachtes Eis auf die Hand, bevor direkt beim Erzeuger eingekauft werden kann.

Einen großen Teil der Produktion setzt Dorothea Reyer-Simpfendörfer im eigenen Hofladen direkt an Endkunden ab, vor allem Gemüse, Apfelsaft und Cidre, Fruchtjoghurt und Quark, Frisch- und Hartkäse, Eis, Fleisch und Wurst. Schon seit rund 60 Jahren wird biologisch-dynamische Landwirtschaft betrieben; auf 40 Hektar fruchtbaren Filderäckern und Streuobstwiesen wachsen mehrere Sorten Erdbeeren, Äpfel, Getreide, Kartoffeln, vielerlei Gemüse und Futter für die Kühe. Nach dem Modell der »Solidarischen Landwirtschaft« unterstützen rund 240 Mitglieder den Hof, um langfristig dessen Existenz zu sichern.

Neben den eigenen Erzeugnissen bietet der Demeterhof im Laden zusätzlich Gemüse und Obst aus lokalem Anbau, Wurstwaren und bis zu 60 Sorten Käse, zahlreiche Milchprodukte von Kuh, Schaf und Ziege, Brot von drei regionalen Demeterbäckereien sowie ein komplettes Naturkostsortiment vom Mehl bis zum Brotaufstrich.

In der offenen Küche gleich nebenan wird verarbeitet, was Saison hat oder im Laden vorrätig ist: Auf der Mittagskarte vom hofeigenen Bistro stehen dann Backofengemüse mit Kräuterschmand, Kohlrabi-Möhren-Curry oder Brokkoli-Penne mit Limettensauce. Ob im hellen Obergeschoss oder draußen in der Sonne vor dem Hofladen, mit Blick auf die Kühe liegt der Vorzug kurzer Wege nicht nur auf der Hand, sondern steht sozusagen auf dem Tisch und füllt das Glas.

Adresse Unteraicher Straße 8, 70567 Stuttgart (Möhringen), Tel. 0711/711890, www.reyerhof.de, laden@reyerhof.de | **ÖPNV** Bus 72, Haltestelle Jelinstraße; U 5, 6, Haltestelle Rohrer Weg | **Öffnungszeiten** Mo–Fr 9–18.30 Uhr, Sa 8–13 Uhr | **Tipp** Auf einer landwirtschaftlichen Fläche des »Reyerhofs« nahe der Haltestelle Rohrer Weg liegt das Erlebnisfeld, ein mit Gemüse, Blumen und Kräutern bepflanztes Labyrinth.

77 __ Rikiki
Schatzsuche im Showroom

An der Toreinfahrt zum Hof weist nur ein dezentes, nicht allzu großes Schild auf Rikiki und die Agentur two tribes im Hinterhaus hin. Vorbei an einer Arztpraxis, steigt man in die zweite Etage und gelangt mitten in ein Cross-over aus Designbüro und Einrichtungsgeschäft. So versteckt der Showroom von Sibel Şener auch liegt, über Mundpropaganda hat er sich einen Namen gemacht. Schon als Kind hatte sich die diplomierte Wirtschaftsingenieurin für Werbewirtschaft einen nach Farben sortierten Laden gewünscht. Verwirklicht hat sie ihren Traum so persönlich wie charmant und einladend.

Denn wer nun meint, hier gäbe es nur die üblichen Wohnaccessoires von Kissen bis Kerzen, liegt falsch. Unter den ausgesuchten Stücken und Kleinmöbeln finden sich Lampen aus Seide und Tabletts aus Deckeln von Ölfässern, neongrüne Origami-Hasen und Möpse aus Porzellan, hinreißende Federhüte aus Kamerun und Silberlampen aus Tunesien sowie eigene Entwürfe, mal Bodenkissen aus alten Müllersäcken, mal aus historischen Spielzeugteilen gefertigte Bilder oder restaurierte alte Reisekoffer. Eine ehemalige Munitionskiste oder ein Feuerlöscher fungieren als Lampenfuß; was aus einer zierlichen Zapfsäule wird, steht nicht unbedingt von vornherein fest.

Nicht von Stilrichtungen lässt sich Sibel Şener leiten, ihre besonderen Einzelstücke hat sie nach Farbwelten zusammengestellt und in Szene gesetzt. Ob Asiatika oder Vintage, klassisch oder extravagant, für Außergewöhnliches reist die Designerin um die ganze Welt, sucht auf Messen und Flohmärkten nach Schätzen, Prototypen und Unikaten. Unnachahmlich ist ihr Gespür für verblüffende, aber gekonnt inszenierte Stilbrüche, sodass Kunden teils ganze Ensembles kaufen. Zusätzlich können Designtapeten, Meterware, Stoffkabel und Möbelknäufe bestellt oder komplette Interiorkonzepte beauftragt werden – schließlich hat nicht jeder ein Händchen für so stylische Arrangements.

Adresse Schwabstraße 36a (Hinterhof, 2. Etage), 70197 Stuttgart (West), Tel. 0711/6660292, www.rikiki.de, bonjour@rikiki.de | **ÖPNV** S 1, 2, 3, 4, 5, 6, 60, Haltestelle Schwabstraße | **Öffnungszeiten** Mo–Fr 11–20 Uhr, Sa 11–18 Uhr | **Tipp** Das »Yaz« in der Calwer Straße serviert orientalische Gerichte in modern-orientalischem Ambiente – gestaltet von Rikiki in Zusammenarbeit mit einem Architekturbüro.

78 rosabraun
Kaffee und Wohnkultur

Rosa und Braun sind eine echte Wohlfühl-Farbkombination. Der Eckladen kommt so stimmungsvoll rüber, dass man in den vom Parkett bis zur Wandvertäfelung komplett selbst renovierten Altbauräumen gerne einen Espresso trinkt oder frühstückt. Das erfolgreiche Konzept: Was man sieht, darf gekauft werden, denn rosabraun ist Ladengeschäft, Showroom für Möbel und kleine Kaffeebar in einem. Sabine Braun macht es glücklich, bunte, nette und trendige Dinge für ihre Kunden zu entdecken; sie studiert dafür eine Fülle an Zeitschriften, besucht Wohnmessen und unternimmt Städtetrips nach Kopenhagen und Amsterdam. Ansprechend ist ihre große Auswahl an Papeterie, teils aus Dänemark und Holland, von Rifle Paper Co., pleased to meet, butt Papierkram oder Nelly Castro. Ein Renner sind auch die lustigen Stoffaffen von Liebman Design und andere hübsche Babygeschenke, die Bilderrahmen von Ib Laursen und Wohnaccessoires von Bloomingville.

Zugleich kann hier Mobiliar nach Maß käuflich erworben werden: Die Möbelstücke werden im elterlichen Betrieb von Sabine Braun hergestellt – massive große Holztische mit passender Sitzbank ebenso wie die als Blickfang für jeden Flur geeigneten Garderobenbäume. Eine tolle Geschenkidee sind auch die farbigen Tabletts mit handgefertigten Holzrahmen. Günter Braun steht mit seiner Schreinerei für modernen Innenausbau und hochwertige Möbel-Unikate: Mit sichtbarer Begeisterung für seinen Beruf und mehr als fünf Jahrzehnten Erfahrung fertigt er selbst entworfene Einzelstücke. Hier schließt sich der Kreis, denn auch der Großvater von Sabine Braun hatte schon eine Schreinerei – in der Gutenbergstraße.

Regelmäßig lädt Sabine Braun Künstler ein, in ihrem 2010 gegründeten Konzeptladen auszustellen. Zu entdecken ist etwa die Malerin Barbara Eppler, die am Bodensee lebt. Ihre Bilder sorgen durch spannende Farbkombinationen für frische Akzente im Ambiente.

Adresse Gutenbergstraße 57, 70176 Stuttgart (West), Tel. 0711/50442477, www.rosabraun-stuttgart.de, info@rosabraun-stuttgart.de | **ÖPNV** S 1, 4, 5, 6, 60, Haltestelle Schwabstraße | **Öffnungszeiten** Mo–Fr 9–19 Uhr, Sa 10–16 Uhr | **Tipp** In der Esperantostraße 1 schreinert Günter Braun Betten, Schränke und Regale, komplette Küchen, Sideboards oder Kindermöbel nach individuellen Wünschen.

79 Die rote Zora
Mode made im Ländle

Alles außer altmodisch, so könnte man in Abwandlung des bekannten Spruchs aus einer Baden-Württemberg-Kampagne die frech-verspielte Mode von Silke Hampel auf den Punkt bringen. Während sich viele Biolabels ausschließlich auf legere Streetwear konzentrieren, steht Die rote Zora auch für feminine Fair Fashion. Die Designerin entwirft kurze Röcke, gepunktete Hoodies und schicke Kleidchen mit Retro-Touch für selbstbewusste junge Frauen, rund 15 bis 20 Teile pro Kollektion. Für die Zukunft sind auch Mäntel und Accessoires wie Taschen geplant.

Die Missstände in der Textilbranche und die Produktionsbedingungen in den Billiglohnländern sorgen regelmäßig für Schlagzeilen. Silke Hampel will zeigen, dass es anders gehen kann. 2009 hat sie ihr Label für nachhaltige Mode gegründet, seit 2012 gibt es auch das Ladenatelier im Stuttgarter Westen. Für den Namen Rote Zora lieferte der gleichnamige Film die Anregung, der wiederum auf dem Kinderbuchklassiker von Kurt Held beruht.

Fair Fashion gilt nach wie vor als Nischenprodukt, obwohl die Nachfrage wächst. Zumindest auf den großen Stoffmessen gibt es seit Jahren eine Bioecke. Silke Hampel verwendet ökologisch und fair produzierte Textilien, wo möglich, und Designerstoffe, etwa von Liberty. Es gebe noch viel Nachholbedarf in der Textilindustrie; umso mehr freut es die Designerin, wenn sich etwas tut und Stoffhersteller wie die österreichische Firma Seidra ihre Produktion Stück für Stück umstellen.

Vorne im Geschäft können die Outfits anprobiert werden, in der Werkstatt dahinter gibt es Strick-, Näh- und Schnittkurse für alle, die selbst kreativ werden wollen, Workshops für Kinder und fürs Modezeichnen. An den aufgereihten Nähmaschinen im Hinterraum können Anfänger und Fortgeschrittene unter professioneller Anleitung nähen, wozu sie Lust haben. Und das haben sie, denn das »altmodische« Selbernähen ist heute wieder cool und gefragt.

Adresse Senefelderstraße 101, 70176 Stuttgart (West), Tel. 0711/93596805, www.dierotezora.com, silke@dierotezora.com | **ÖPNV** U 4, Haltestelle Hölderlinplatz | **Öffnungszeiten** Di–Fr 11–19 Uhr, Sa 11–17 Uhr | **Tipp** Auch gehobene Küche geht ohne Tierprodukte. Das beweist das vegane Restaurant »Körle und Adam« in Feuerbach.

80 Schick Seesack Yachting
Hipper Skipper

Fender, Klampen, Schäkel, Schoten und Wanten führt das große Geschäft in Wangen. Artikel, von denen Landratten kaum je gehört haben. Denn das sogenannte Seglerlatein umfasst nicht nur Begriffe für alle Manöver auf dem Wasser, sondern auch für Boot und Ausrüstung. Und die bekommt man bei Schick Seesack Yachting, neben den eingangs genannten Gummipuffern, Beschlägen, Verbindungsstücken, Tauwerk und Drahtseilen auch Schiffsglocken und Rettungsringe, Seekarten und Hafenführer, Ölzeug und andere wasserfeste Bekleidung, Gummistiefel und Bootsschuhe, Nationalflaggen fürs Heck und Navigationsgeräte, Unterbodenschutz, Deckreiniger und Teakpflege, Außenbordmotoren und Bootstrailer.

Denn was der Baumarkt für den Heimwerker, ist der Bootsbedarf für den Skipper: Für Motorbootfahrer und Segler, die sich ansonsten eigentlich spinnefeind sind, beginnt bei Seesack Yachting schon der Urlaub. Doris Schick und ihre langjährigen Mitarbeiter sorgen für das breit gefächerte Angebot an Wassersportzubehör für Schiff und Crew, für qualifizierte Beratung und umfassenden Service von der Segel- und Motorenreparatur bis zur Besorgung von Ersatzteilen.

Die ungewöhnliche Kombination – Schick ist auch Spezialist für Zweiräder und Schlauchboote – hat mit der Geschichte zu tun und nicht damit, dass sich Roller und Vespas auch für den Landausflug eignen: In der 1921 gegründeten Firma sind Motoren die Verbindung, in der Werkstatt arbeiten speziell ausgebildete Mechaniker.

Schade also, dass es rund um Stuttgart so wenig Wasser gibt. Segler und Motorbootfahrer der Region zieht es vor allem an den Bodensee, wo die Firma Schick auf der Friedrichshafener Messe »Interboot« immer vertreten ist, oder noch weiter bis zum Gardasee. Dass die Urlaubsstimmung schon im Wangener Fachgeschäft beginnt, liegt der Inhaberin am Herzen, deshalb lädt sie in der ruhigeren Wintersaison gerne mal zum Seglertreff beim Punsch.

Adresse Ulmer Straße 216, 70327 Stuttgart (Wangen), Tel. 0711/4209722, www.schick-seesack.de, info@schick-seesack.de | **ÖPNV** U 4, 9, Haltestelle Im Degen | **Öffnungszeiten** Di–Fr 12–18 Uhr, Sa 8–13 Uhr | **Tipp** Der Stuttgarter Neckarhafen dient nicht als Wassersportrevier, sondern der Großschifffahrt als Logistikzentrum. Hafenrundfahrten im Bus sind nur für Gruppen buchbar über »Stuttgart Tourist«.

81 Schlossparfumerie
Amber, Oud und Sandelholz

Lieber ein Blumenduft mit herbem Unterton oder ein Zitrusduft mit grüner Note? Im Traditionshaus Wolff & Sohn, dessen Geschichte bis ins Jahr 1914 zurückreicht, werden Duftliebhaber auf eine Entdeckungsreise geschickt. Besonders stolz sind Seniorchef Helmut Wolff und Sohn Philipp, selbst ausgebildeter Parfümeur, auf ihre kostbaren Raritäten: Exklusiv heißt hier tatsächlich exklusiv. Manches Parfüm ist nirgendwo sonst in der Stadt und überhaupt nur in einer Handvoll anderer Läden in Europa erhältlich, zum Beispiel die Klassiker von Clive Christian, dessen Parfüms als Inbegriff von Luxus gelten, von Amouage, Creed, Pierre Montale, Nasomatto oder Roja. Auch die rund zwei Dutzend Düfte umfassende hauseigene Linie für die Dame und den Herrn hebt sich von gängigen Parfüms ab. Den Unterschied machen Rohstoffe und rare Naturessenzen wie Amber, Jasmin, Moschus, Sandelholz oder Ylang-Ylang aus. Weil sie ausgesprochen teuer sind, können preiswerte Parfüms aus industrieller Produktion nur synthetisch hergestellt werden. Der Duftstoff Oud aus dem Harz des Adlerholzbaumes beispielsweise kostet mehr als Gold.

Dass sich die Parfümerie mit über 100-jähriger Tradition an der Königstraße hält, einer der teuersten Einkaufsmeilen Europas, verdankt sich höchster Professionalität. Düfte spielen hier die größte Rolle, doch auch Kosmetikbehandlungen und exquisite Pflegeprodukte von Luxusmarken gehören zum Angebot. Im Salon de Beauté im Obergeschoss konzentrieren sich die Stylistinnen und Visagistinnen auf die Fachberatung rund um die Schönheitspflege und verwöhnen Kundinnen in entspannter, ruhiger Atmosphäre. Neben Hautanalysen, professionellem Make-up und Permanent-Make-up, Farb- und Stilberatung geht die Schlossparfumerie hier mit der Zeit und setzt auf Lifting ohne Messer: Zu den größten Erfolgen zählen typgerechte Hightech-Hautpflege und Peelings als Alternative zur Schönheits-OP.

Adresse Königstraße 35, 70173 Stuttgart (Mitte), Tel. 0711/295605, www.schlossparfumerie.de, service@schlossparfumerie.de | **ÖPNV** U2, 4, 14, Haltestelle Rotebühlplatz; S1, 2, 3, 4, 5, 6, 60, Haltestelle Stadtmitte | **Öffnungszeiten** Mo–Sa 10–19 Uhr | **Tipp** Fein nach mediterranen Kräutern oder Zitrusfrüchten duften auch die italienischen Gerichte und Desserts im Ristorante »La Fenice« am Rotebühlplatz.

82 Schmachtfetzen
Dress to impress!

Schicke Kleider mit dem gewissen Etwas bringen ihre Trägerin zum Strahlen und unterstreichen ihre Persönlichkeit. Johanna Hellmich hat ein Händchen für feminine Kleider im Stil der 1930er bis 1950er Jahre, in denen auch Frauen ohne makellose Modelfigur gut aussehen – und in denen sie sich wohlfühlen. Ob Kurven betonendes, schmales Etuikleid oder Trägerkleid mit ausgestelltem, schwingendem Rock – alle Modelle zelebrieren Weiblichkeit. Jedes Teil ist jedoch immer zeitlos, elegant und folgt keinem Trend.

Auch wenn sich hier etwas für festliche Anlässe oder eine Cocktailparty finden lässt, verkauft Johanna Hellmich in ihrer kleinen Boutique keineswegs Abendgarderobe, sondern auch Modelle für den Alltag oder fürs Büro. Erhältlich ist die vintage-inspirierte Mode für besondere Gelegenheiten und selbstbewusste Frauen in den Größen 34 bis 44. Passend dazu gibt's eine kleine Auswahl an Vintageschmuck, Schuhen, Hüten und Strümpfen.

Bei der Auswahl der Marken legt sie Wert auf die Qualität von Material und Verarbeitung und achtet darauf, woher die Kleidungsstücke kommen. Viele der Designer wie Marlenes Töchter, Mademoiselle Tambour, Frozen Hibiscus oder Gracy Q, die Johanna Hellmich teils exklusiv in ihrem Laden führt, kommen aus Deutschland und lassen auch dort fertigen.

Ebenso gerne wie sie Retro-Chic an die Frau bringt, spricht die sympathische Boutiquebesitzerin über ihre zweite Leidenschaft, denn schließlich entstand die Idee für den Laden anlässlich ihrer Burlesque-Events, die sie seit Februar 2013 regelmäßig in Stuttgart veranstaltet. Für diese Partys werfen sich Damen und Herren in Schale wie früher Filmdiven und UFA-Stars, und so wurde sie als Gastgeberin von »Raunchy Rita's Raspberry Club« immer wieder gefragt, wo denn mondäne Mode mit dem gewissen Etwas zu beziehen sei. Also Mode zum Schmachten, Schwärmen und Schwelgen ...

Adresse Wilhelmstraße 8b, 70182 Stuttgart (Mitte), Tel. 0711/94581064, www.schmachtfetzen.de, info@schmachtfetzen.de | **ÖPNV** U 1, 14, Haltestelle Österreichischer Platz | **Öffnungszeiten** Di–Fr 11–19 Uhr, Sa 11–16 Uhr | **Tipp** Bei »Raunchy Rita's« Burlesque-Partys ist Glamour und Glitzer angesagt, frivole Shows, elegante Gäste, kühle Drinks (www.raspberryclub.de).

83 Schoko-Paradies
Mein lieber Lolli

Ein echter Familienbetrieb: Mittlerweile arbeitet schon die dritte Generation im Schoko-Paradies der Schweigerts. Nach vielen Jahren am Hölderlinplatz ist die Confiserie in die nahe Johannesstraße umgezogen, in ein kleines Geschäftslokal mit dem Charme eines Tante-Emma-Lädchens von einst.

Mit der Herstellung von Kirschwasser- und Rumtrüffeln hat es angefangen, heute enthält die Glasvitrine viele weitere Sorten selbst gemachter Trüffelpralinen. So nennt man Schokoladenkugeln mit sahnig-cremiger Füllung. Während bei industrieller Fertigung vorgefertigte Kugeln aus Kuvertüre gefüllt werden, bereitet man bei der Herstellung in der Manufaktur erst eine sahnige Butter-Schokoladencreme zu, portioniert diese dann und taucht oder wälzt sie in Kuvertüre. Zu den Trüffeln, die in Möhringen von Hand gefertigt werden, zählen Sorten ohne Alkohol und köstliche, mit Spirituosen verfeinerte Varianten wie Marc de Champagne, Kirschwasser, Williamsbirne, Cognac und Apricot Brandy. Stammkunden schätzen es, dass außer Zartbitter-, Vollmilch- und weißer Schokolade dafür beste Obstbrände aus dem Schwarzwald zum Einsatz kommen.

Darüber hinaus gibt es mit Schokolade überzogenes Obst, Mandelsplitter und Nussschokolade, Kaffee und Tee von Hochland, Konfitüren von Faller, Niederegger-Marzipan, Schichtnugat und feines Gebäck. Alles wird gern hübsch als Präsent verpackt. Die Pizza dagegen kommt in den Pappkarton wie vom Lieferservice. Ein toller Überraschungseffekt: Im Karton verbirgt sich eine Schokoladenpizza, belegt mit Mandeln und Haselnüssen.

In den Regalen des Süßwarengeschäfts findet sich zudem jede Menge loses und abgepacktes Naschwerk, das Kindheitserinnerungen heraufbeschwört: Brausepulver und Kaugummis, Lollis und Himbeerbonbons, Wunderschnuller und Geleebananen, saure Zungen und Fruchtschnecken. Kein Wunder, dass auch die jüngste Generation den Laden gerne entert, um sich die Schulpausen zu versüßen.

Adresse Johannesstraße 96, 70176 Stuttgart (West), Tel. 0711/290938, www.schoko-paradies-stuttgart.de, schoko-paradies@gmx.de | **ÖPNV** U 4, Haltestelle Hölderlinplatz | **Öffnungszeiten** Mo–Fr 9–18 Uhr, Sa 9–13 Uhr | **Tipp** Ein Eckcafé mit Espresso, Focaccia und Panini wie in Italien: Die »Bar Vicino« in der Traubenstraße.

84__ Second Dreams
Vom Schrankhüter zum Trend-Teil

Ein Mann und eine Frau wollen heiraten. Weil beide »secondhand« sind, also schon mal verheiratet waren, erwirbt sie ihr Kleid, er den Anzug im Second Dreams in der Tübinger Straße. Sympathische Idee, schöne Geschichte!

Sortiert nach Farben wird hier schon seit 1994 Gebrauchtes zum Kauf angeboten: Was im Laden hängt, war vielleicht mal ein Fehlkauf, hat aber eindeutig modischen Schick. Zu erstehen gibt's Damen- und Herrenbekleidung vom T-Shirt bis zum Mantel, dazu Schuhe, Tücher, Schals und Taschen. Andrea Stigler nimmt nur an, was gut gepflegt oder selten getragen wurde, modisch auf der Höhe der Zeit ist und von angesagten Labels stammt. Exquisitere Teile hängen an einem Extraständer: Unter Umständen sieht man einige der edlen Teile im nächsten Tatort wieder oder auf der Theaterbühne, denn auch Requisiteure und Stylisten kommen gerne zum Stöbern und Ausstatten von Produktionen vorbei.

Dass Menschen abgelegte Kleidung kaufen und verkaufen, ist nicht neu. Noch vor 20 Jahren waren das eher die Mütter, damals lehnten die Töchter Getragenes rigoros ab. Heute kommen vor allem junge, selbstbewusste Frauen in den Laden, manchmal ganze Cliquen zum gemeinsamen Probieren, denen es ums Stylen geht und nicht ums Sparen. Auch wenn es nach wie vor Studentinnen mit kleinem Budget gibt, die sich lieber vier Teile für dieselbe Summe kaufen als nur eines, erwerben die meisten nicht möglichst preiswerte, sondern besonders individuelle Stücke. Weltweit posten Streetstyle-Blogger Fotoserien, wie man Stangenware, einzelne teure Teile und Vintagemode zu einem ganz persönlichen Stil kombiniert, und nennen es »Second Glam« oder »Preloved Fashion«.

Inhaberin Andrea Stigler kann jedenfalls noch mehr schöne Geschichten erzählen, wie sich Kunden gegenseitig beraten, dass die allererste Kundin noch immer bei ihr einkauft, eine andere alles vom Fleck weg erworben hat, was im Mottofenster ausgestellt war …

Adresse Tübinger Straße 70, 70178 Stuttgart (Süd), Tel. 0711/6492884, www.seconddreams-stuttgart.de, info@seconddreams-stuttgart.de | **ÖPNV** U 1, 14, Haltestelle Marienplatz | **Öffnungszeiten** Mo–Fr 11–19 Uhr, Sa 11–15 Uhr | **Tipp** Was nicht verkauft wird, gibt Andrea Stigler als Spende weiter. Wer selbst Kleidung spenden will, kann sich bei der Stadt oder karitativen Einrichtungen wie der Caritas oder der Diakonie erkundigen, wo das sinnvoll ist. Weitere Infos unter www.fairwertung.de.

85 Second Hand Records
Vinyl-Schätze aus zweiter Hand

»Ich habe mein Hobby zum Beruf gemacht«; den Spruch hört man ja recht oft. Mal glaubwürdig, mal scheint eine gewisse Skepsis durchaus berechtigt. Wer Menschen bei der Arbeit sehen möchte, denen man 180-prozentig abnehmen kann, dass ihr Beruf ihr Hobby ist (oder ihr Hobby ihr Beruf?), macht sich am besten auf den Weg in die Leuschnerstraße.

Der größte inhabergeführte Plattenladen Deutschlands bietet eine phantastische Auswahl an gebrauchten LPs, Singles und CDs: für Rock- und Popfans, Klassikliebhaber, Jazz-Aficionados, Freunde von Metal, Indie, Punk und, und, und. Seit über 30 Jahren ist er eine der Adressen für Musikliebhaber in Stuttgart, weil der frühere Inhaber Helmut Faber von Anfang an nie nur seinen eigenen Geschmack im Angebot führte. Vom Chanson bis Country in aller Konsequenz. Selbstbewusst sieht man sich auch weltweit auf den vorderen Rängen – vom Zustand der Platten her sogar ganz vorn.

Helmut Faber hat die Geschäftsführung abgegeben, doch nach wie vor kommt der Gründer fast täglich in den Laden. Der Umsatz ist seit Jahren stabil, die Musikliebhaber wachsen stetig nach, schon Zehnjährige sind unter den Plattenkäufern ... Weil ständig Nachschub eintrifft, ja sogar große Sammlungen testamentarisch an den Laden vermacht werden, gibt's immer mal wieder Sonderverkäufe zu extrem günstigen Preisen. Solche Aktionen werden auf Facebook angekündigt; auch für die Konzerte, die ab und zu im Laden stattfinden, stehen dort die Termine. Jede Menge »Likes« gibt es dort nicht nur für die Topauswahl, die nette Beratung und die fundierten Kaufempfehlungen, sondern auch für witzige Ideen wie das »Schallphabet«, ein Alphabet aus Plattencovern.

Im Second Hand Records ist jetzt Rainer Rupp der Chef. Schon zur Eröffnung 1984, damals ging er noch zur Schule, war er das erste Mal im Laden. Was hat er anschließend gemacht? Das dürfte jetzt nicht überraschen: sein Hobby zum Beruf.

Adresse Leuschnerstraße 3, 70174 Stuttgart (West), Tel. 0711/260404, www.secondhandrecords.de, info@secondhandrecords.de | **ÖPNV** U2, 4, 9, 14, Haltestelle Berliner Platz | **Öffnungszeiten** Mo–Fr 11–20 Uhr, Sa 10–18 Uhr | **Tipp** Im Herbst 2015 eröffnete mit dem »Im Wizemann« auf dem gleichnamigen Areal eine neue Location für Popkonzerte.

86 Seidenstrasse Wohnkulturen

Bunter leben

»Was für eine schöne Farbe«, entfährt es der Kundin unwillkürlich gleich beim ersten Stück, das sie im Laden in die Hand nimmt. Die bunten Stoffe – uni oder gemustert – machen besonders an grauen Tagen gute Laune und taugen alle dazu, die eigene Wohnung, womöglich sogar das eigene Leben, farblich »aufzumöbeln«.

Wie der Name Seidenstrasse schon sagt: Viele der hier erhältlichen Decken, Foulards, Schals, Vorhänge, Kissenbezüge oder Stofftaschen stammen aus dem Orient und Asien, manche sind aus hochwertiger Seide. Ihre Einkaufsreisen führen die beiden Inhaberinnen Silvia Schabath und Emi von Gemmingen nach Kambodscha und Indien, Marokko und Thailand. Schon über 15 Jahre bringen die Textildesignerin und die PR-Frau schöne Dinge von dort mit nach Deutschland.

Größtenteils wird direkt importiert, nur wenige Waren gelangen über Zwischenhändler in den Laden im Gerberviertel. So ist die Qualitätskontrolle vor Ort möglich und zudem gewährleistet, dass keine Kinderarbeit stattfindet und kleine Familienbetriebe oder Frauenkooperativen im Sinne des Fair Trade unterstützt werden. Neben traditionell Überliefertem werden auch knallfarbene Lederpoufs oder grafisch gemusterte Überdecken nach eigenen Entwürfen gefertigt. Manche Handelsbeziehungen bestehen schon lange, andere sind Neuentdeckungen auf Messen wie der Gifts & Handicrafts Fair in Delhi oder der Dritte-Welt-Messe in Berlin.

Eine ganze Welt tut sich auf: Hamamtücher aus der Türkei, Saris und Morgenmäntel aus Indien, Felltaschen aus Südafrika, bunte Teegläser und Silberlampen aus Marokko, gefilzte Teppiche aus Kirgisien, Sonnenschirme und Dreieckskissen aus Thailand, Blockprint-Quilts aus Rajasthan, handgewebter Seidenorganza und Buddhafiguren aus Kambodscha, Schmuck aus Israel, Baumwolle aus Ägypten, Wäschekörbe aus Vietnam. Colour your life – hier ist es ganz einfach!

Adresse Sophienstraße 18, 70178 Stuttgart (Mitte), Tel. 0711/6450330, www.die-seidenstrasse.de, info@die-seidenstrasse.de | **ÖPNV** U 1, 14, Haltestelle Österreichischer Platz | **Öffnungszeiten** Mo–Fr 11–19 Uhr, Sa 11–16 Uhr | **Tipp** Asiatische Tagesgerichte und kreative Sushivariationen offeriert das »Origami« an der Hauptstätter Straße.

87 Ruth Sellack
Schmuck Objekte
Glanzstücke und Glücksbringer

Die Glaswürfel im Fenster präsentieren wie Bilder jeweils thematische Ausschnitte aus den Schmuckkollektionen von Ruth Sellack. Hier treten Schwarz und Weiß gegeneinander an, erweisen sich Amulette als Glücksbringer oder wirken farbige Edelsteine wie Amethyst, Aquamarin oder Rosenquarze wie Erinnerungen an wunderbare Reisen.

Das Eckgeschäft mit den großen Panoramaschaufenstern erinnert in seiner Schlichtheit an eine Galerie. Eine gebogene Trennwand (mit kleinem Separee für Beratungsgespräche, die Diskretion verlangen) teilt den großen Raum in zwei Bereiche. Vorn im betont reduzierten Ambiente des Verkaufsraums stehen nur ein skulpturaler Tresen und zwei Anprobetische; einige wenige Vitrinenwürfel an der Wand präsentieren Schmückendes fürs Handgelenk oder den Hals. Die Werkstatt hinter dem Raumteiler sieht dann tatsächlich so aus, wie man sich ein Goldschmiedeatelier vorstellt. Dort wird täglich an neuen Schmuckideen gearbeitet, entstehen erlesene Unikate in handwerklicher Perfektion.

Dass Design und Edelstein sich gut reimen, illustrieren die Schmuckstücke von Ruth Sellack schon seit 1991, denn besonders großen Wert legt sie auf hochwertige Materialien. Mag Eleganz Priorität genießen, mit klarer Formensprache gibt die Goldschmiedemeisterin ihren Kollektionen unverwechselbare Individualität.

Seit 2009 entwirft, fertigt und verkauft die gebürtige Nürnbergerin, die seit über 25 Jahren in Stuttgart lebt, ihre Schmuckobjekte am jetzigen Standort. Die Philosophie von Ruth Sellack: »Der Charakter eines Schmuckstücks muss im selben Maße einzigartig sein wie die Person, die ihn trägt. Dann ist man als Goldschmied nahe an dem, was Perfektion bedeutet.«

Adresse Eberhardstraße 6, 70173 Stuttgart (Mitte), Tel. 0711/604914, www.ruth-sellack.de, info@ruth-sellack.de | **ÖPNV** U 1, 2, 4, Haltestelle Rathaus | **Öffnungszeiten** Mo 12–19 Uhr, Di–Fr 10–19 Uhr, Sa 10–18 Uhr | **Tipp** Von jedem verkauften Silber-Keramik-Ring oder -Anhänger aus der Stuttgart-Kollektion, in Zusammenarbeit mit »Zebra Design« kreiert, geht ein Teil als Spende an die »Olgäle-Stiftung« für kranke Kinder.

88 Sim1 Atelier
Markenzeichen Glücksschwein

Nie hätte Simone Mertz gedacht, dass Schweine sie über so lange Jahre begleiten würden. Das erste war noch ein Zufallsprodukt: Nach dem Studium von Grafikdesign und Kunst hatte sie zunächst als Layouterin für Agenturen und Illustratorin für das Naturkundemuseum gearbeitet, später frei als Malerin. Beim Auftrag, für ein Hotel in Lech am Arlberg ein Wandgemälde anzufertigen, suchte die Besitzerin noch eine originelle Tischdekoration. Damals entstand das Pilotschwein an Simone Mertz' Zeichentisch.

Mit Acrylfarbe lackierte Mertz-Schweine aus Metall gibt es als Dirndl- und Lederhosenschwein, in Jeans oder Spitzendessous, als Schweinchen mit Plüsch- oder Kunstrasenbesatz, als Hochzeits-, Koch-, Tennis- oder Golfschweinchen. Immer noch kommen neue Exemplare hinzu.

Inzwischen ist die Tierfamilie weiter gewachsen, neben den kleinen Glücksbringern und Minivarianten im Rahmen fertigt Simone Mertz auch große, teils mannshohe Gartenfiguren mit charakteristischem Rostüberzug. Ihre stilisierten Entwürfe von Hirsch, Zebra, Dackel, Gans und Hase lässt sie bei einer Spezialfirma mit Laser aus Stahlblechplatten schneiden. Nach anfänglicher Skepsis – »Finden Sie das schön, das ist ja total verrostet« – haben sie sich längst zu Klassikern entwickelt. Auch das eigene Haustier nach einem Foto als handbemaltes Unikat verewigen zu lassen ist möglich.

Ihr Sim1 Atelier existiert seit 1991, seit 2012 in der Katharinenstraße im Stuttgarter Bohnenviertel. Dort bietet Simone Mertz nur eigene Objekte an sowie unter dem Label Mertz & Stripes die Fotoarbeiten ihres Mannes. Seine Streifenbilder sind aus zwei Motiven, häufig Aufnahmen aus Stuttgart, zusammengesetzt. Simone Mertz selbst malt nach wie vor auch auf Leinwand, dann vorzugsweise Natur, Gräser, Blätter. Und unlängst beauftragte ein Hotel am Bodensee sie mit Lupinen aus Metall – vielleicht führt der Weg jetzt von der Fauna zur Flora ...

Adresse Katharinenstraße 39, 70182 Stuttgart (Mitte), Tel. 0711/2365946, www.sim1-products.de, info@simone-mertz.de | **ÖPNV** U 5, 6, 7, 12, 15, Haltestelle Olgaeck; U 1, 2, 4, Haltestelle Rathaus | **Öffnungszeiten** Di–Sa 11–18 Uhr | **Tipp** Gleich nebenan ist mit dem »Schellenturm« ein Teil der alten Stadtbefestigung erhalten. Das gleichnamige Weinlokal darin bewirtet im Sommer Gäste auch im Garten.

89__ Souk Arabica
Arganöl und Minztee

Tajinetöpfe aus Ton oder bunt glasierte Exemplare, Lederpantoffeln in vielen Farben: Die dekorativ gefüllten Regale im kleinen Nebenraum machen dem Namen des Ladens alle Ehre und bringen einen Hauch Nordafrika an den Berliner Platz.

Im Souk Arabica erhält man getrocknete Minze für Tee (inklusive der typischen bunten Teegläser), verschiedene Sorten Oliven, Couscous und Harissa, Trockenfrüchte wie Datteln und Feigen, Nussmischungen und Melonenkerne, Gewürze von Kreuzkümmel über Safran und Zimt bis zur marokkanischen Gewürzmischung Ras el-Hanout. Dazu das so gefragte wie rare Arganöl, das aus den Samen der Beerenfrüchte des Arganbaums gewonnen wird. Die Herstellung ist mühsam und zu großen Teilen Handarbeit, daher wird das teure Produkt nur tröpfchenweise verwendet. Das geröstete Öl mit nussigem Aroma verfeinert Gerichte wie Lachstatar oder Spargelsalat, passt zu Meeresfrüchten, Fisch und mariniertem Gemüse. Das ungeröstete Öl dagegen wird vorwiegend für die natürliche Schönheitspflege von Haut und Haar verwendet.

Nicht nur kulinarische Anlaufstelle für alle Fans der arabischorientalischen Esskultur ist der Laden, auch die Ausrüstung zum Kochen wird geliefert. Ähnlich dem Römertopf (der aber nicht feuerfest ist) dient die Tajine zum schonenden Garen im eigenen Saft und kommt vom Herd oder Feuer direkt auf den Tisch. Tajine bezeichnet dabei sowohl das runde Kochgeschirr mit konischem Deckel als auch die darin zubereiteten Gerichte. Klassicherweise wird die Tajine auf einem Holzkohlefeuer erhitzt, allerdings kann man Gefäße mit glatten Böden ebenso auf Gas-, Elektro- und Cerankochfeldern verwenden. Auch mit den Couscoussiers, großen Dampfkochtöpfen für die Zubereitung von Couscous, lassen sich üppige Gerichte zaubern. »Komme als Gast und gehe als Freund«, das gilt als Motto für den Laden ebenso wie für gesellige Mahlzeiten in großer Runde.

Adresse Schlossstraße 57b, 70176 Stuttgart (Mitte), Tel. 0711/6014960, www.souk-arabica.de, info@souk-arabica.de | **ÖPNV** U 2, 4, 9, 14, Haltestelle Berliner Platz | **Öffnungszeiten** Mo–Sa 10–19 Uhr | **Tipp** In seiner Orientabteilung zeigt das »Linden-Museum« kostbare Kalligrafien, Keramik, Architekturfragmente und Metallarbeiten.

90 SPEICKwelt
Naturkosmetik von der Almwiese

Nur ein wandhohes Foto des Echten Speick mit Apothekergläsern davor gibt sich nostalgisch, ansonsten soll im modernen Flagship-Store nichts von den Produkten ablenken. In den hellen, teils farbig ausgeleuchteten Birkenholzregalen stehen Flüssigseife und Rasierschaum, Pflegecremes und Körperlotionen, Duschgel und Shampoo, Lippenpflege und Fußbalsam und selbstverständlich Körbe voll duftender Seifen.

Nicht nur heute Erwachsene sind als Kinder schon mit der Speickseife aufgewachsen, die wie Nivea- und Penatencreme zu den Marken mit großer Reichweite und langer Tradition gehört. Selbst unsere Großmütter kannten die Seife bereits, die seit über 85 Jahren schon hergestellt wird. 1928 gründete der Anthroposoph Walter Rau das »Feinseifenwerk« gleichen Namens und setzte damit die elterliche Tradition der Seifenproduktion fort, die im Familienbetrieb allerdings Kernseife zur Wäschereinigung herstellten. Der Sohn dagegen entwickelte aus dem Ölextrakt des Echten Speick, lateinisch Valeriana celtica, eine hautmilde Seife zur Körperpflege. Schon der Gründer setzte auf Naturkosmetik auch im Hinblick auf wachsende Umweltbelastungen.

Ganz in der Nähe von Stuttgart, in Leinfelden-Echterdingen, ist das Familienunternehmen angesiedelt, das Wikhart Teuffel, der Enkel des Gründers, in dritter Generation leitet. Dem ganzheitlichen Ansatz folgt man heute mehr denn je, von den hochwertigen Rohstoffen, die möglichst aus dem eigenen Land und kontrolliert biologischem Anbau bezogen werden, bis zu den Verpackungen: Das vielfach ausgezeichnete Unternehmen erhielt 2013 den DNP-Preis als »Deutschlands nachhaltigste Marke«.

Speick, die Heilpflanze aus der Gattung der Baldriane, wächst auf Almwiesen in Kärnten, in Höhen ab 1.800 Meter oberhalb der Baumgrenze. Die unter Naturschutz stehende Pflanze dürfen heute nur noch lizenzierte Bergbauern ausgraben, exklusiv für die Firma Speick Naturkosmetik.

Adresse Hirschstraße 29, 70173 Stuttgart (Mitte), Tel. 0711/16130, www.speick.de, info@speick.de | **ÖPNV** U2, 4, 11, 14, Haltestelle Rotebühlplatz; S 1, 2, 3, 4, 5, 6, 60, Haltestelle Stadtmitte | **Öffnungszeiten** Mo–Sa 10–19 Uhr | **Tipp** Im Botanischen Garten in Hohenheim ist ein Bereich den Arznei- und Heilpflanzen gewidmet: Rund 200 in Mitteleuropa bekannte Pflanzen sind dort zu entdecken.

91 __ Steiff Galerie
Knopf im Ohr

Der größte ist mit gut anderthalb Metern fast mannshoch und empfängt Kunden vor der Tür, der kleinste misst nur zwölf Zentimeter und hängt als Glücksbringer am Schlüsselbund. Beide Bären stammen von der Firma Steiff: Die Miniausgabe besteht aus kuschelweichem Plüsch und lässt sich bei 30 Grad waschen, über den Riesenbären berichtete sogar die Zeitung, als dreiste Diebe ihn geklaut hatten.

Schon 1880 nähte Margarete Steiff das erste Plüschtier der Welt: einen weich ausgestopften Elefanten aus Filz. Ihr Leben bis zu ihren ersten geschäftlichen Erfolgen wurde 2005 mit Heike Makatsch in der Hauptrolle verfilmt. Den Teddybären, nicht nur *der* Klassiker unter den Kuschelgefährten, sondern auch Kult, entwickelte jedoch ein Neffe der Unternehmensgründerin. 1902 erfand er Bär 55PB (55 ist die Größe in Zentimetern, P das Material Plüsch, und B steht für beweglich). Mittlerweile werden von dem Unternehmen mit Sitz in Giengen an der Brenz Millionen Plüschtiere pro Jahr hergestellt und weltweit vertrieben – vom Hoppel-Hase-Schmusetuch bis zum Drachenmädchen zum Knuddeln. Sie alle haben eins gemein – den Knopf im Ohr.

Heutzutage ist die Tierwelt von Steiff enorm vielfältig: Im Kinderzimmer können nicht nur Fuchs Foxy und Hase Poppel Gute Nacht sagen, sondern auch Lämmer und Pinguine, Löwen und Gorillas, Hunde und Katzen – und noch viel mehr von A wie Affe bis Z wie Zebra. Im Steiff Club erfreuen sich Sammler zudem an limitierten Editionen, Repliken historischer Modelle und exklusiven Jahresgeschenken.

Im Shop in der Calwer Straße gibt es die komplette Kollektion zu sehen, dazu kann man qualitativ hochwertige Kinderkleidung erstehen. Denn Teddybären und Plüschtiere sind zwar nach wie vor das Aushängeschild des Unternehmens, doch ist inzwischen auch Baby- und Kinderkleidung in den Größen 56 bis 116 im Angebot sowie Baby-Bettwäsche, Badetücher, Lätzchen und Waschlappen – mit applizierten Bärchen.

Adresse Calwer Straße 17, 70173 Stuttgart (Mitte), Tel. 0711/2200472, www.kiki-kindermode.de, steiff-stuttgart@kiki-kindermode.de | **ÖPNV** U 2, 4, 11, 14, Haltestelle Rotebühlplatz; S 1, 2, 3, 4, 5, 6, 60, Haltestelle Stadtmitte | **Öffnungszeiten** Mo–Sa 10–18 Uhr | **Tipp** Bärensee und Bärenschlössle im »Rot- und Schwarzwildpark« zählen zu den beliebtesten Ausflugszielen in Stadtnähe, doch lebendige Bären und Eisbären tummeln sich nur auf ihrer Felsanlage in der Wilhelma.

92 Stitzenburg Apotheke
Offizin der Jahrhundertwende

In den offenen Regalen stehen historische Apothekergläser und eine alte Waage, die zahlreichen Schubladen tragen noch ihre originalen Bezeichnungen, oft abgekürzt: »Capsul Gelatini«, »Flor Chrysanth« oder »Herb Majoran« lassen sich auch ohne Lateinkenntnisse erschließen, andere bleiben für den Laien rätselhaft. Von der Kassettendecke mit Pflanzendekor über die geschwungenen Jugendstileinbauten bis zum Terrazzoboden blieb in dem Eckgebäude an der Hohenheimer Straße die komplette historische Ladenausstattung von 1901 erhalten.

Sabine Kettemann führt darin seit 1996 eine lebendige Quartierapotheke und erbringt die gleiche qualifizierte Leistung und sachkundige Beratung wie jede andere moderne Apotheke auch. Doch Hut ab: Ohne museumsreife Einrichtung wäre manches für sie und ihre Mitarbeiter sicher etwas einfacher. Doch die Apothekerin versteht es als Bürgerpflicht, zum Erhalt eines historischen Geschäftslokals einen Beitrag zu leisten, denn denkmalgeschützte Jugendstilobjekte gebe es leider nur noch wenige in der Stadt, die im Krieg stark zerstört wurde und mit dem Rest wenig pfleglich umging.

Zur Jahrhundertwende ließ der damalige Stuttgarter Apotheker Albert Wünsch die Einrichtung im gerade aufkommenden Jugendstil entwerfen und aus solider Eiche einbauen. Zu diesem Zeitpunkt gab es übrigens gerade einmal 17 weitere Apotheken – heute sind es über 200, die Vororte mitgerechnet. Ein Stück weit dokumentiert das Geschäft auch den Wandel des Apothekerberufs. Heute ist der Apotheker Mittler zwischen Arzt und Patient einerseits, Patient und Arzneimittel andererseits. Was als Verkaufsraum für im Labor entwickelte und industriell produzierte Medikamente dient, war früher ein Arbeitsraum, oft als Offizin bezeichnet. An der »Rezeptur« wurden einst fast alle Arzneimittel selbst hergestellt, Kapseln abgefüllt, Tees gemischt, Salben angerührt, Tinkturen zubereitet und Pillen gedreht.

Adresse Hohenheimer Straße 38, 70184 Stuttgart (Mitte), Tel. 0711/241396, www.stitzenburg.de, post@stitzenburg.de | **ÖPNV** U 5, 6, 7, 12, Haltestelle Dobelstraße | **Öffnungszeiten** Mo–Fr 8.30–13 und 15–18.30 Uhr, Sa 10–13 Uhr | **Tipp** Aus der Ära des Jugendstils stammt auch das denkmalgeschützte Teehaus im Weißenburgpark, im Sommer ein beliebtes Ausflugslokal.

93 Studiotique
Produkte mit einer Story

In die tollen Rucksäcke von TOPO Designs aus Colorado, USA habe ich mich sofort verliebt. In die »Taschenflitzer« auch – Schlüsselanhänger mit Modellautos aus den 1970er und 1980er Jahren vom Stuttgarter Label Neckarliebe. Dem Concept Store im Heusteigviertel merkt man einfach an, dass er sich nicht als Geschenkeladen versteht, sondern die Macher selbst Kreative sind.

Denn unter den immer neuen Produkten findet sich weder modischer Schnickschnack noch unnützer Krimskrams. Der Showroom funktioniert wie eine Zeitschrift, in der es den Beteiligten weniger darum geht, Trends zu setzen, als stilbildend zu wirken, innovative Labels vorzustellen und Inspiration zu geben. Das Schaufenster dient als Cover, die beiden Räume gleichen Magazinbeiträgen, deren Themen regelmäßig wechseln.

Der Mix aus Möbeln, Kunst und Lifestyle verändert sich ständig, bewusst stehen Unikate und Kleinserien junger Gestalter aus der Region neben internationalen Marken, lässt man Raum für Pop-up-Kooperationen und Fotoausstellungen. Nicht nur räumlich ist die Designgalerie mit zwei Kreativbüros verbunden, dem Studio Uno in der Nachbarschaft und dem Studio Dos im selben Haus. Dort arbeiten Architekten, Grafik- und Kommunikationsdesigner, die auf Reisen oder in Stilbibeln wie »Wallpaper«, »Monocle« und »The Heritage Post« schön gestaltete, funktional durchdachte und handwerklich perfekte Dinge entdecken, so etwa edle Notizbücher von Midori aus Japan und Wednesday Paper Works aus Berlin, leuchtend bunte Dreibeinhocker, Kopfhörer mit Lederbezug und schmuckinspiriertem Design für die modebewusste Frau. Weitere erlesene Fundstücke sind Karten und Umschläge des belgischen Letterpress Studios »Le Typographe«, Schmuck von Saskia Diez aus München oder Lederbörsen von Tanner Goods aus Portland, USA. Die jeweils aktuellen Lieblinge präsentiert ein Mail-Newsletter wöchentlich als »Key-Piece«, frei übersetzt: als Stücke zum Verlieben.

Adresse Schlosserstraße 17, 70180 Stuttgart (Mitte), Tel. 0711/59600620, www.studiotique.de, post@studiotique.de | **ÖPNV** U1, 14, Haltestelle Österreichischer Platz | **Öffnungszeiten** Mo–Fr 11–20 Uhr, Sa 11–18 Uhr | **Tipp** Ein Klassiker im Heusteigviertel ist das kleine Ristorante »Nostalgia di Napoli« in der Mozartstraße.

94 Stuttgarter Seifenmanufaktur

Mandelöl und Ziegenmilch

Wie beim Kochen sind für selbst gemachte Seifen hochwertige Zutaten das A und O. Babassuöl etwa, gewonnen aus der Frucht der Babassupalme, sorgt für ein seidiges Hautgefühl, zieht schnell ein und wirkt antimikrobiell bei juckender Haut und entzündlichen Unreinheiten. Eine besondere Spezialität von Carola Tabarelli sind ihre Einölseifen, jeweils nur aus Sheabutter, Oliven-, Kokos- oder Mandelöl hergestellt, die sich für Allergiker eignen, und die Salzseife, die besonders von Menschen mit Hautproblemen gut vertragen wird. Hautfreundlich sind jedoch alle Naturseifen der Hedelfinger Manufaktur, weil sie rückfetten und bei der Herstellung im Kaltverfahren auch das pflegende Glycerin nicht entzogen wird – so trocknet die Haut nicht aus.

Duftseifen mit Zitrus-Kamille, Lavendel oder Rose fertigt Carola Tabarelli traditionell von Hand, unter Verzicht auf Konservierungsstoffe, Weichmacher und synthetische Tenside. Neben Peelingseifen zur schonenden Hautreinigung, neutralen Varianten ohne Duft und Milchseifen bietet sie ab und zu saisonale Highlights an: Gefragt als Geschenk sind Maiglöckchenseife im Frühjahr oder Weihnachtsseife im Winter.

Ihren 2010 eröffneten Laden und die Online-Bestellungen schmeißt sie allein, tatkräftig unterstützt von ihrer Familie. Weil sie oder ihre Kunden im Handel manches vergeblich suchen, stellt Carola Tabarelli neben Seife inzwischen vom Lippenbalsam bis zur Fußcreme auch Hautpflegeprodukte her, daneben Badezusätze, Rasierseife und sogar eine Hundeseife für Vierbeiner. Nicht unerheblich ist die unsichtbare Arbeit dahinter: Alles ist nach deutscher Kosmetikverordnung zugelassen, mit hohem Aufwand für Laboranalysen, Sicherheitsbewertung und Allergenlisten für die Rohstoffe von Avocadoöl bis Mangobutter. Damit Sie sich fühlen wie schaumgeboren.

Adresse Ruiter Straße 5, 70329 Stuttgart (Hedelfingen), Tel. 0711/88826446, www.stuttgarter-seife.de, ct@stuttgarter-seife.de | **ÖPNV** Bus 62, 65, Haltestelle Hedelfingen, Bus 103, Haltestelle Amstetter Straße; U 9, 13, Haltestelle Hedelfingen | **Öffnungszeiten** nach telefonischer Vereinbarung | **Tipp** Die 16 km lange Teilstrecke des Stuttgarter Weinwanderwegs durch Hedelfingen und Rohracker, eine Kombination zweier Rundwege, bietet schöne Ausblicke auf die Stadt und das Neckartal.

95 Tabacum La Habana
Willkommen im Club

Immer mal wieder ist in der Vorsteigstraße ein Torcedor zu Gast. So heißen in Lateinamerika Zigarrenroller, die ihr Handwerk professionell erlernt haben. Betritt man den Eckladen, steht man zunächst im Eingangsbereich mit Zeitungen und Magazinen für die Nahversorgung der Nachbarschaft. In den Regalen reihen sich aber nicht etwa banale Süßigkeiten, sondern edle Spirituosen, und der Blick nach links offenbart nebenan schon das Reich der Zigarren. Die 140 Quadratmeter großen Räume in dem denkmalgeschützten Haus sind wie gemacht für stilvolles Genießen.

1979 machte sich Siegfried Schäuble selbstständig und übernahm damals einen Tabakladen in der Schwabstraße, bevor er 2009 in das jetzige Tabacum gleich gegenüber einzog. Handgerollte Zigarren, besondere Tabakmischungen und edle Pfeifen sind handwerklich wertvolle Produkte, zu denen Schäuble Geschichte und Herkunft kennt, Wissen und Informationen vermitteln kann. Die Kunden danken es ihm und kommen teils schon in zweiter Generation, nicht nur Vater und Sohn, auch viele Frauen rauchen Zigarre. Im Kellergewölbe vermietet er an Aficionados sogar Miethumidore.

Als »La Casa del Habano« ist das Hauptaugenmerk auf kubanische Zigarren gerichtet. Zehn Fachgeschäfte in Deutschland tragen diesen Namen und werden exklusiv mit Raritäten aus Kubas Manufakturen beliefert. Doch führt Tabacum auch Regionales wie Edelbrände von Edmund Marder aus dem Schwarzwald und die Pfeifen von Cornelius Mänz aus Reutlingen.

Ein jährliches Highlight ist die »Rauchzeit« im Collegium Wirtemberg immer am ersten Samstag im Juli. Tabacum lädt dazu internationale Pfeifenmacher und auch mal eine Zigarrenrollerin oder einen Tabakmischmeister ein: Eine schöne Gelegenheit, inmitten der sommerlichen Reblandschaft am Rotenberg bei den ausgezeichneten Tropfen der Winzergenossenschaft einen Nachmittag ganz dem Genussrauchen zu widmen.

Adresse Vorsteigstraße 1, 70193 Stuttgart (West), Tel. 0711/295228, www.tabacum.de, info@tabacum.de | **ÖPNV** U4, Haltestelle Hölderlinplatz | **Öffnungszeiten** Mo–Fr 9–19 Uhr, Sa 9–16 Uhr | **Tipp** Im »Bix« am Leonhardsplatz stehen nicht nur nationale und internationale Jazzgrößen auf dem Programm, regelmäßig lädt der renommierte Jazzclub auch zu Whisky- oder Rumtastings in die Raucherlounge.

96 ___ tarte & törtchen
Süße Kunst-Stücke

Sumpf au chocolat heißt ein Törtchen, andere Kugel-Hüpf, Sesam öffne dich, Wiener Walzer, Rotlicht oder Hasenschmaus. Aline John hat ein Faible für lustige Namen und auch witzige Ideen für die selbst entworfene Einrichtung ihrer Patisserie – so sind die Hocker mit in Kaffee getränkten Törtchenrezepten beklebt.

Ihre Ausbildung hat die Konditorin im Café Königsbau absolviert und anschließend außerhalb Stuttgarts vertieft. Nach ihrer Rückkehr machte Aline John sich selbstständig und eröffnete im Souterrain eines großbürgerlichen Altbaus ihre Backstube, den Laden und ein winziges Café – in den Räumen einer ehemaligen Bäckerei. Weil die Törtchen so gut ankommen und gleich nebenan ein schöner Eckladen frei wird, kann aber bald vergrößert werden.

Im Angebot sind stets um die 15 raffinierte Eigenkreationen; Klassiker und saisonal wechselnde Törtchen stehen in der Vitrine wie kleine Kunstwerke – alle einfach unwiderstehlich: der Sommernachtstraum mit Erdbeeren, Minze und Holunderblütensirup oder Wunderland mit weißer Schokoladenmousse, Mohn und schwarzen Johannisbeeren. Weil das feine Naschwerk so verlockend wirkt, gibt es jedes Törtchen zum Probieren auch als Miniaturausgabe.

Alles wird von Hand gefertigt, aus besten Zutaten, wenn möglich fair gehandelt, biologisch erzeugt und aus dem Umland, etwa Eier von den Fildern und heimisches Obst aus dem Remstal. Im Sommer kommen hausgemachte Eisspezialitäten hinzu. Zusätzlich wird die Kundschaft auch mit Croissants, Brioches, Quiches und Schinkenhörnchen sowie auf Bestellung mit Hochzeitstorten versorgt.

Auf Reisen nach Frankreich und Belgien lässt sich die talentierte Konditorin gerne inspirieren, aber was am besten schmeckt, entwickelt sie am liebsten selbst. Wir freuen uns schon auf lustige Namen für Törtchen mit Rhabarber oder Quitten, Lebkuchenmousse oder Weihnachtsgewürzen!

Adresse Gutbrodstraße 1, 70197 Stuttgart (West), Tel. 0711/91253505, www.tarteundtoertchen.de, info@tarteundtoertchen.de | **ÖPNV** U2, 9, Haltestelle Schwab-/Bebelstraße | **Öffnungszeiten** Di–Fr 11–18 Uhr, Sa 9–16 Uhr, So 12–17 Uhr | **Tipp** Vom Architekten Günter Behnisch, dessen bekannteste Bauten der Plenarsaal des Bundestags in Bonn und (zusammen mit Frei Otto) das Olympiastadion in München sind, stammt auch die »Vogelsangschule«.

97__ Tausche
Zwei auf einen Streich

Sie heißen Prinzessin, Diplomatin oder Tagediebin und unterscheiden sich vor allem durch Höhe, Tiefe und Breite. Die Schwerstarbeiterin ist das größte Mitglied der Familie, ihre kleinste Schwester die Vagabundin. Alle sind aus reißfestem, beschichtetem Polyestergewebe gefertigt und werden in Deutschland genäht. Anderen Modellen aus Lkw-Plane haben die Umhängetaschen aber nicht nur die originellen Namen voraus.

Zwei Deckel gehören beim Kauf einer Tasche gleich dazu. Denn bei den Tausche-Taschen ist der Deckel mit einem Reißverschluss am Korpus befestigt, sodass sich das Design im Nu durch ein anderes austauschen lässt: Deckel ab, neuer Deckel dran, ruckzuck sieht die Tasche völlig anders aus. Nach Lust und Laune können weitere Designs von unifarben über geblümt bis retro hinzugekauft werden – aus Materialien von Filz bis Kunstleder. Besonders beliebt bei Stuttgartern ist der Deckel mit dem Fernsehturm. Den Claim des Unternehmens – »Jeden Tag anders« – nehmen manche Kundinnen wörtlich: In Stuttgart kaufte eine Besucherin aus den Emiraten, die mit ihrer großen Familie in den Laden kam, die komplette Deckelwand leer.

Nicht nur das Styling ist wandelbar. Durch verschiedene Inneneinsätze in knalligem Orange kann man die Tasche individuell ausstatten – mit Minitäschchen für Wertsachen, gepolstertem Einsatz für die Fotoausrüstung oder Extrahülle für den Laptop. Die bunte Vielfalt und die funktionelle Gestaltung kommen an; welcher Laden hat schon Filialen in Tokyo, Sylt und Hamburg? 2004 eröffneten Antje Strubelt und Heiko Braun ihr erstes Geschäft in Berlin, seit 2005 vertritt Christian Eberhardt das Label in Stuttgart. Edle Varianten werden inzwischen aus Rindsleder hergestellt, und die Taschen sind in elf Größen und bis zu 16 Korpusfarben erhältlich. Doch warum heißt ein Modell ausgerechnet Thusnelda? Mit ihrer nicht ganz so kantigen Form ist sie selbstbewusst Frauentasche.

Adresse Eberhardstraße 51, 70173 Stuttgart (Mitte), Tel. 0711/4148490, www.tausche-stuttgart.de, stuttgart@tausche.de | **ÖPNV** U 1, 2, 4, Haltestelle Rathaus | **Öffnungszeiten** Mo–Fr 11–19 Uhr, Sa 11–18 Uhr | **Tipp** Ins »Marshall Matt« auf der anderen Straßenseite kann man die neue Tasche gleich ausführen – auf einen Espresso oder einen Cocktail.

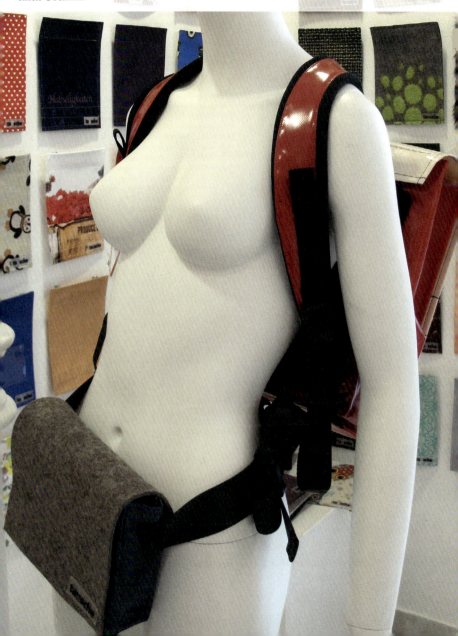

98 — Tritschler
Heiße Teile und runde Sachen

Im Erdgeschoss laden Geschenkartikel und Accessoires zum Stöbern ein. Bunter Filz und hübsche Taschen dienen als Blickfang für die hier am Marktplatz so zahlreiche Laufkundschaft. Für alltägliche Haushaltswaren wie Weckgläser, Schneidbretter und Schneebesen müssen Backfeen und Kochnerds sich zwar bis in die dritte Etage vorarbeiten, doch Größe und Vielfalt sind die Stärken von Tritschler: Auf 3.000 Quadratmetern Verkaufsfläche und fünf Etagen findet jeder den passenden Topf samt Deckel. Der Spezialist für alles, was das Kochherz höherschlagen lässt, führt Geschirr und Porzellan, Gläser und Besteck, Töpfe und Pfannen von Alessi bis WMF, Textilien und Elektrogeräte. Thementische bieten Inspiration fürs Küchenambiente; Koch- und Backbücher beantworten die Frage »Was koche ich heute?«.

Das traditionsreiche Geschäft hat seinen Ursprung in den Glashütten des Schwarzwalds. Von dort transportierten Träger die Glaswaren zu Fuß auf die Stuttgarter Wochenmärkte, um sie zu verkaufen. 1723 eröffnete der Glasbläser Michael Tritschler dann ein festes Geschäft: Seit bald 300 Jahren ist die Firma am Marktplatz präsent. Seither hat sich Tritschler zur ersten Adresse für kulinarische Lebensart in Stuttgart entwickelt.

Die Zeiten, in denen man sich vor der Hochzeit das klassische Service fürs Leben zusammenstellte, sind allerdings vorbei. Wenn junge Leute Geld für Geschirr ausgeben, spielt »Made in Germany« eine Rolle, insbesondere die farbigen Gedecke von Arzberg, Dibbern oder Kahla sind gefragt. Japanische Messer, Küchenreiben von Microplane, Karaffen im Neoprenanzug von Eva Solo, Gusseisenbräter von Le Creuset, Bratenthermometer oder Spätzlehobel: Bei Tritschler gibt es Designtes und Schrilles genauso wie Edles mit Tradition. Und nach wie vor Küchenhelfer jeder Art, zum Schöpfen und Sieben, Drehen und Wenden, Mahlen und Mörsern, Reiben und Hobeln, Schneiden – und Schaumschlagen.

Adresse Marktplatz 7, 70173 Stuttgart (Mitte), Tel. 0711/22249320, www.tritschler.com, service@tritschler.com | **ÖPNV** U 1, 2, 4, Haltestelle Rathaus | **Öffnungszeiten** Mo–Sa 9.30–19 Uhr | **Tipp** Neben dem Stammhaus »IdeenParadies« betreibt Tritschler mit »LifeStyle« in der Königstraße 44 eine ›junge‹ Filiale für farbenfrohe Mitbringsel und dekorative Designtrends.

99 twentytwo
Fashionfußball nach Feierabend

Der coole Tischkicker ist nicht nur Dekoration. Obwohl die Damenmannschaften auf einem barbie-pinkfarbenen Spielfeld kicken, geht's hier oft rund. Jeden ersten Mittwoch im Monat lädt Susanne Lohrmann von 19 bis 21 Uhr zu Drinks und Häppchen. Wer dann beim Ladykicker Cup ordentlich Tore schießt, kann sich einen kleinen Einkaufsgutschein erkickern – im Falle eines Siegs gegen den Profi auf der anderen Seite. Der After-Work-Apéro kommt gut an, schließlich ist die Uhrzeit auch für Berufstätige ideal, und nebenbei lernt man gleich noch nette Leute kennen, die auch im Westen wohnen.

Eröffnet hat twentytwo nicht in Hausnummer 90, sondern im kleinen Eckladen gegenüber mit der Hausnummer 22. Im jetzt großzügigen hellen Laden mit weißen Dielen und weißen Sesseln bleibt viel Platz, um sich ungestört umzuschauen oder ein Paar der ausgefallenen Schuhe anzuprobieren. Zum Beispiel perlenbestickte Leder-Flipflops von Lazamani, witzige Gummistiefel, Schuhe mit Leopardenmuster oder die extravaganten Stiefeletten von United Nude (Größe 36 bis 41). Outfits für Büro und Freizeit führt twentytwo in XS bis XL: Kuschelige Strickjacken und Steppwesten, witzige Hoodies und bunte Ethno-Miniröcke, tolle Shirts, sexy Kleider und zarte Pullis.

Per Newsletter kündigt Susanne Lohrmann Aktionen an und ob neue Ware eingetroffen ist; manchen ihrer Kundinnen gefällt der Style eines Labels so sehr, dass sie dann umgehend vorbeikommen. Kilt Barcelona oder Frieda&Freddies aus New York sind dabei, Vive Maria, Piu & Piu und Princess Goes Hollywood aus der Schweiz.

Im großen Untergeschoss, dort, wo es vorher eine Zeit lang Möbel und Wein gab und während des Shoppings gerne Ehemänner »geparkt« wurden, wird Susanne Lohrmann zusammen mit Gela Hagen zukünftig eigene Mode entwerfen. Weine aus Portugal gibt es trotzdem weiterhin, die Inhaberin empfiehlt das gute Preis-Leistungs-Verhältnis. Kostprobe beim nächsten Mittwochstreff?

Adresse Rotebühlstraße 90, 70178 Stuttgart (West), Tel. 0711/6581880, www.twentytwo-stuttgart.de, info@twentytwo-stuttgart.de | **ÖPNV** S 1, 2, 3, 4, 5, 6, 60, Haltestelle Schwabstraße | **Öffnungszeiten** Mo–Fr 10–19 Uhr, Sa 10–16 Uhr | **Tipp** Der »Birkenkopf« wird auch »Monte Scherbellino« genannt, weil er durch Trümmerschutt in der Nachkriegszeit noch 40 Meter an Höhe gewann. Der Aussichtspunkt im Stuttgarter Westen ist ein beliebtes Ausflugsziel.

100 Übersee
Maritimes Material

Eine Übersee-Tasche hat schon so manche Seemeile zurückgelegt, Wind und Wetter getrotzt, Mensch und Boot ans Ziel gebracht. Das liegt am besonderen Material, das Sylva Zernich mit einer Industrienähmaschine verarbeitet. Aus gebrauchten Segeln näht sie Unikate, die ein Stück maritimes Lebensgefühl transportieren: Kleine und große Taschen zum Umhängen, Shopper und Seesäcke, Stiftemäppchen und bunte Weekender aus leichtem Spinnakertuch. Teils erhalten die Objekte sogar ein Etikett mit genauen Angaben zum jeweiligen Segel und Schiff.

Ursprünglich wollte Sylvia Zernich für ihre Abschlussarbeit im Studium ein ungewöhnliches Material verwenden und entschied sich für Segeltuch. Nur früher wurden Segel aus Baumwollgewebe gefertigt, heute dominieren Kunststoffe wie Nylon und Polyester beziehungsweise Hightech-Fasern wie Kevlar oder Carbon. Sylva Zernich hatte jedenfalls nicht wirklich geahnt, was für einem Material sie da ein zweites Leben verleihen will – und in welchen Dimensionen. Ihr erstes Segel war über 100 Quadratmeter groß, das muss man fürs Zuschneiden erst mal handhaben!

Jede Tasche ist anders: Art, Ausführung und Beschaffenheit ändern sich mit dem ausrangierten Segel, das zur Verarbeitung in die Werkstatt kommt. Nachschub ist kein Problem; manche Rennboote verschleißen einen Segelsatz pro Regatta, und inzwischen bringen ihr Kunden gezielt eigene Segel. Zudem fertigt die Designerin auch Buntes aus Surfsegeln, verarbeitet die Persenning genannten Schutzbezüge aus imprägniertem, wasserdichtem Gewebe oder sogar Rettungswesten.

Vom Entwurf bis zur Fertigstellung liegt alles in einer Hand. Damit das Material gut zur Geltung kommt, erhalten Sichtfenster, Kauschen (also die Metallösen zum Trimmen oder Reffen der Segel), Buchstaben und Ziffern prominente Plätze. Dank des robusten Materials sind die Übersee-Taschen langlebige und verlässliche Begleiter auf der Reise durch den Alltag.

Adresse Forststraße 58, 70176 Stuttgart (West), Tel. 0711/50494978, www.uebersee-ahoj.de, ahoj@uebersee-ahoj.de, info@uebersee-taschen.de | **ÖPNV** Bus 41, 42, Haltestelle Rosenberg-/Johannesstraße | **Öffnungszeiten** nach Vereinbarung | **Tipp** Segeln lernen kann man auch in Stuttgart – am Max-Eyth-See finden sich mehrere Segelclubs.

101 UNIQUE NATURE
Luxus für Lohas

Unter den rund 400 steilen Treppenanlagen der Stadt, den Stäffele, gehört die Willy-Reichert-Staffel im Stuttgarter Süden zu den bekannteren. Von der Römerstraße führt sie auf die Karlshöhe hinauf und erinnert mit ihrem Namen an den beliebten schwäbischen Schauspieler und Humoristen. Gut versteckt liegt an ihrem Fuß der Laden von Unique Nature in einem schönen Altbau.

Die schönen Räume mit Blick auf die Staffel sind zugleich Büro und Showroom für den 2008 eröffneten Onlineshop von Anna Perino, den sie unter dem Motto »Green Luxury« betreibt. Die Grafikdesignerin und Macherin der no tins GmbH, einer Agentur für Medienentwicklung, betreut beispielsweise die Onlinepräsenz des renommierten Naturkosmetikherstellers Dr. Hauschka. Mit der Zielgruppe nachhaltig und umweltbewusst denkender Menschen ist sie daher vertraut und als Gestalterin selbst an geschmackvollen, ideenreichen Designprodukten interessiert.

Was sie als »new modern eco-style« definiert, richtet sich an Eco-Fashionistas, Lohas und andere Menschen mit Kaufkraft, die Lifestyle und Haltung, gutes Design und gutes Gewissen verbinden wollen. Vor allem innovative Ideen für Geschenke mit nachhaltigem Design und öko-fairem Hintergrund bietet sie an. Deshalb umfasst das Sortiment stilvolle Einrichtungsstücke und elegante Wohnaccessoires, Porzellan und Glas, Naturkosmetik, Schmuck und ausgesuchte Fashion Pieces von Taschen über Tücher und Schals bis zu Handschuhen und Strümpfen.

Für ihren Shop ist Anna Perino auf ständiger Suche nach neuen Entdeckungen und entwirft auch selbst, etwa ein Vitrinenmöbel und eine Schmuckkollektion. Trendbewusstes Styling steht dabei im Vordergrund: Ansprechendes ohne »Jute-Image« zu finden, das unter fairen und ökologischen Bedingungen hergestellt wird, verdankt sich aufwendiger Recherche. Wer sich vor Ort ein Bild vom Angebot machen will, muss nur ein paar Stufen zum Laden hinaufsteigen.

Adresse Römerstraße 1, 70178 Stuttgart (Süd), Tel. 0711/5000931, www.unique-nature.com, service@unique-nature.com | ÖPNV U 1, 14, Haltestelle Marienplatz | Öffnungszeiten Mo–Fr 14–18 Uhr | Tipp Die Oscar-Heiler-Staffel, ebenfalls an der Karlshöhe, erinnert an den langjährigen Bühnenpartner von Willy Reichert, populär als Duo »Häberle und Pfleiderer«.

102 __ Violas'
Salz ist der neue Pfeffer

»Ich will aufs Ei« – ein pfiffiger Name, der bestens das Konzept von Violas' illustriert. Im Laden für Gewürze und Delikatessen gibt es nicht einfach Salz. In Zeiten, in denen schon Supermärkte auch Himalajasalz und Fleur de Sel im Sortiment haben, muss ein Gewürzspezialist mehr bieten. Allein Salz und die Salzmischungen umfassen, allerdings inklusive Nachfüllpacks, mehr als 100 Positionen und reichen von »Butter bei die Fische« über Rosa Rosensalz bis zum diabolischen Teufelssalz.

Denn Viola Fuchs kommt auf ausgesprochen hübsche Namen – und sehr clevere Ideen: Auffallend im Sortiment sind die Kuriositäten wie Ananaspulver und die vielen Gewürzmischungen. Differenziert wird sogar noch zwischen Apfelkuchengewürz und Bratapfelgewürz! Backgewürze (für Lebkuchen, Stollen, Pfefferkuchen und vieles mehr) machen jedoch nur einen kleinen Teil aus. Neben Currys sind auch die orientalischen Klassiker von Baharat über Dukka bis Ras el-Hanout erhältlich. Höchst erfreulich, dass man so die tollen Gerichte aus den Kochbüchern von Yotam Ottolenghi oder die marokkanische Gewürzküche unkompliziert nachkochen kann!

Viola Fuchs stammt aus einer Gewürzfamilie mit langjähriger Tradition. Die Gründerin eröffnete 1997 den ersten Laden in Hamburg und bietet das Modell inzwischen als Franchising an. 1948 hatten ihre Großeltern in Wiesbaden ein Gewürzgeschäft eröffnet, und später kam eine Filiale in der Frankfurter Kleinmarkthalle hinzu, die von Viola Fuchs' Mutter geleitet wurde.

In Stuttgart übernahm Thomas Leistner als Geschäftsführer und bietet nun im Violas' auch Pasta, Polenta, Bulgur und Reis an, Nüsse und Hülsenfrüchte, Essig und Öl, Saucen und Dips, Blütensirup und Trockensuppen. Das Typische aber sind die vielen Eigenmischungen. Und wo es Salz gibt, dürfen auch Pfeffer und Schärfe nicht fehlen. »Mut kann man kaufen« heißt die schärfste Mischung im Sortiment aus höllischen Habanero-Chilis.

Adresse Neue Brücke 4, 70173 Stuttgart (Mitte), Tel. 0711/99794880, www.stuttgart.violas.de, stuttgart@violas.de | **ÖPNV** U 2, 4, 11, 14, Haltestelle Rotebühlplatz; S 1, 2, 3, 4, 5, 6, 60, Haltestelle Stadtmitte | **Öffnungszeiten** Mo–Sa 10–20 Uhr | **Tipp** In der ersten Etage über dem Laden gibt es von Dienstag bis Samstag ab 12 Uhr einen leichten Ayurveda-Mittagstisch.

103 Vogelsangatelier
Zack, bumm: Bonjour!

Fröhliche Gute-Laune-Macher sind die farbenfrohen handgefilzten Hausschuhe von Mimifait, die kleinen Porzellanbecher mit originellen Sprüchen von erstehand, die Kalender und Glückwunschkarten von Susilou, die bunten Röcke von futschikato und Glasperlenketten von Polarglas. Wer ein besonderes Mitbringsel sucht, ist im Vogelsangatelier bestens aufgehoben. Im liebevoll gestalteten, fast nostalgischen Laden mit Atelier gleich nebenan gibt es selbst entworfene Unikate und Kleinserien, allesamt dekorativ und erschwinglich.

Alles ist handmade – doch die fünf Kreativen der Ateliergemeinschaft sind keine Hobbybastler, sondern ausgebildet als Grafiker, Industriedesigner oder freie Künstler.

Was sie unterscheidet, ist das jeweils favorisierte Material. Die Ateliergründerin Susi Klotz arbeitet bevorzugt mit Papier und Keramik (www.susilou.de), Monika Bastgen näht Kleidung und Accessoires unter dem Label futschikato. Ulrich Schöler arbeitet bevorzugt mit Filz, Glas und Porzellan (www.erstehand.com). Nicole Mehnert ist Glasperlendesignerin mit dem Label Polarglas, Mimi Erl filzt, näht und malt (www.mimifait.com).

Das Vogelsangatelier ist Teil des Netzwerks »Schätze des Westens«, das 2014 schon zehnjähriges Jubiläum feiern konnte. Mitmachen können nur Kreative, die Kunst, Designprodukte, Handwerkliches oder Kulinarisches herstellen. Susi Klotz hatte (zusammen mit Anne Weiss) die Idee zu diesem Gemeinschaftsprojekt. Gleich auf Anhieb nahmen mehr als 20 andere Läden, Werkstätten und Ateliers am Entdeckungstag im Stuttgarter Westen teil – zehn Jahre später feierten schon an die 50 Teilnehmer den Geburtstag.

Nicht nur zum zehnten Jubiläum der »Schätze des Westens« entstand ein Mitmachbuch mit DIY-Projekten, auch im Laden gibt's wunderschöne Bastelbögen mit Holz, Papier oder Filz, die dazu anregen, es den fünf Kreativen nachzutun. Gute Laune garantiert!

Adresse Vogelsangstraße 28, 70197 Stuttgart (West), Tel. 0711/6332241, www.vogelsangatelier.com, gruss@vogelsangatelier.com | **ÖPNV** U2, 9, Haltestelle Schwab-/Bebelstraße | **Öffnungszeiten** Di – Fr 10 – 18 Uhr, Sa 10 – 14 Uhr | **Tipp** Unter zahllosen Spiegeln an der Decke und zwischen Regalen mit Wein kann man im »Bella Italia« in der Vogelsangstraße italienische Pasta, Fleisch- und Fischgerichte genießen.

104_ Von der Rolle
... ist das Tolle

Zu Gudrun Rolle bringt man am besten Fotos vom eigenen Wohnzimmer mit. Oder vom Schlafzimmer. Oder vom Lieblingssofa. Warum? Die begeisterte Dekorationsstylistin berät in allen Wohnfragen, insbesondere dort, wo es um Stil, Farben und Textiles geht. Ihr Credo: die individuelle Handschrift finden, den Bestand integrieren, Akzente setzen.

Die Inhaberin, die sich selbst »Textilerin« nennt und der »Von der Rolle« auch seinen schönen doppelsinnigen Namen verdankt, bietet mit ihrem Laden für Ausstattung und Dekoration ein individuelles, dennoch breites Sortiment von wohnlichen und modernen Stoffen an, die sich in der Altbauwohnung ebenso gut machen wie im Bungalow: Leinen uni, grafische Muster oder farbenfrohe Meterware vieler internationaler Marken wie etwa des finnischen Labels Marimekko. In den Metallregalen stapeln sich Kissen aus der eigenen Werkstatt und passende Plaids. Daneben gibt es auch die Technik für Vorhänge und immer wieder besondere Dinge wie aus recycelten Segeln gefertigte Butterfly-Sessel oder Bezüge für Liegestühle.

Ihr Laden strahlt Atelieratmosphäre aus und eignet sich perfekt für eine »Stoffschlacht«, also um Muster zu wälzen und Farbtöne zu begutachten. Gudrun Rolles Know-how benötigt man dann, um zu steuern, ob die Leinenvorhänge am Ende sehr klassisch oder sehr lässig wirken.

Ist der Wohnstil zu sehr aus einem Guss, zu perfekt und homogen, wirke das oft langweilig. Kreativ mit dem Vorhandenen umzugehen, ohne dass es gestückelt wirkt, ist zwar mehr Aufwand, für Gudrun Rolle wird es dann aber erst richtig spannend. Die kreative Quereinsteigerin ist überzeugt, dass nicht alles zu jedem passt. Ihre Kunden begeistert sie damit auch; manch einer lässt jedes Jahr ein neues Zimmer von ihr umgestalten. Deshalb steht außer Frage: Wo Fotos nicht aussagekräftig genug sind, macht Gudrun Rolle sich gern vor Ort ein Bild. In Ihrem Wohnzimmer. Oder von Ihrem Sofa.

Adresse Olgastraße 53, 70182 Stuttgart (Mitte), Tel. 0711/2384891, www.vonderrolle.de, info@vonderrolle.de | **ÖPNV** U 5, 6, 7, 12, 15, Haltestelle Olgaeck | **Öffnungszeiten** Di–Fr 10–13 und 14–18.30 Uhr, Sa 10–14 Uhr | **Tipp** Im »Hüftengold« nur wenige Schritte weiter an der Olgastraße lässt sich beim Frühstück trefflich über Inneneinrichtung und Stil fachsimpeln.

105 Wachendorfer Nudelmanufaktur

Meterweise Maultaschenteig

Besonders vor Ostern bilden sich lange Schlangen – vom Hinterhof stehen Kunden bis auf die Ludwigstraße. Für die enorme Nudelteig-Nachfrage in der Karwoche springt die ganze Familie von Antje Oehler mit ein. Denn im Schwabenland hat es Tradition, am Karfreitag Maultaschen auf den Speisezettel zu setzen. »Herrgottsbscheißerle« heißt das Traditionsgericht, weil die im Nudelteig versteckte Fleischfüllung dem Allmächtigen angeblich verborgen bleibt.

Übers Jahr produziert die kleine Manufaktur im Stuttgarter Westen aber vor allem für Großkunden. Hier decken sich die Profis ein: Schon morgens holen Metzger und Gastronomen den vorbestellten Nudelteig ab, um daraus für den Mittagstisch Maultaschen frisch zuzubereiten. Kantinen ordern teils enorme Teigmengen, 100 oder 200 Kilogramm können es schon mal sein.

Die schon im 19. Jahrhundert gegründete Teigwarenfabrik übernahm vor rund 30 Jahren Peter Wachendorfer, seit 2013 führt seine Tochter den Betrieb. Schon in aller Frühe ab 4 Uhr morgens wird der Nudelteig hergestellt, aus Hartweizengrieß von der Frießinger Mühle und Weizendunst aus der Schapfenmühle sowie Salz, Wasser und Ei. Von mehreren alten Walzmaschinen, die schon einige Jahrzehnte auf dem Buckel haben, wird der Teig dann in die Mangel genommen und verlässlich zu meterlangen Bahnen ausgerollt. In der jeweils gewünschten Länge und Stärke stehen die millimeterdünnen Streifen schließlich zur Abholung bereit.

Auch Hobbyköche, die Maultaschen oder Lasagne selbst herstellen möchten, können Teig in der Produktionsstätte kaufen sowie Nudeln mit Paprika, Spinat, Chili, Kurkuma und Kräutern. Donnerstags und freitags sind außerdem auch fertige, von Vater Peter Wachendorfer zubereitete Maultaschen erhältlich – wegen der großen Nachfrage aber ohne Vorbestellung kaum zu bekommen.

Adresse Ludwigstraße 64/1, 70176 Stuttgart (West), Tel. 0711/626375 | **ÖPNV** U 2, 9, Haltestelle Schwab-/Bebelstraße | **Öffnungszeiten** Mo–Fr 7–13 Uhr | **Tipp** Das kleine »Café Moulu« in der Senefelderstraße versorgt mit leckerem Frühstück, wechselnden Mittagsgerichten und selbst gebackenem Kuchen.

106 — WAUMIAU
Pfotenschuhe und Maßhalsbänder

Eigentlich sagt der Name schon, was der Eckladen im Bohnenviertel anbietet. De facto geht es aber deutlich mehr um Wau als um Miau. Katzen, so die Auskunft von Inhaberin Trude Nufer, seien bedürfnisloser – ein kleines Spielzeug, schon gehen sie zufrieden ihrer Wege. Hunde dagegen sind Menschen recht ähnlich, insofern als sie Wert auf ein weiches Bett, ein hübsches Outfit und gutes Essen legen. Daher gibt's hier nicht nur weich gepolsterte Körbe und wetterfeste Mäntelchen, zusätzlich sorgen Bürsten, Shampoo, Conditioner und Parfüm für ein tolles Fell und gepflegtes Auftreten.

Leckerlis aus der Sterneküche, wie die hauseigene Backstube heißt, haben teils tatsächlich Sternchenform und sind in den Sorten Wild, Lachs, Strauß und Huhn erhältlich. Nass- und Trockenfutter werden ohne chemische Zusätze, Konservierungsmittel und künstliche Geschmacksverstärker hergestellt; für allergische Tiere sind auch getreidefreie Produkte erhältlich. Liebe geht durch den Magen, meint die Inhaberin, doch zählt wohl mehr noch, dass ein Tierhalter, der selbst Wert auf gute Ernährung legt, auch seinem Vierbeiner keinen »Fraß« vorsetzen möchte.

Schutz für zarte Pfoten bieten Dog Boots; Windeln und Spielsachen zur Förderung der Intelligenz helfen Welpen, erwachsen zu werden, reflektierende Westen schützen vor Unfallgefahr. Nur bei den exquisiten Lederhalsbändern im Hermès- oder Gucci-Look, mit Strassbesatz oder original Swarovski-Steinen liegt die Vermutung nahe, dass sich eher Frauchen mit einem so ausstaffierten Hund schmücken möchte. Damit soll aber der Wert eines Halsbands an sich – ob aus echtem Nappa-, Hirsch- oder Elchleder – oder einer geflochtenen Hundeleine aus Rindsleder nicht in Frage gestellt sein. Jedenfalls wird hier fündig, wem das Beste für sein Tier am Herzen liegt oder wer Hundebesitzern unter den Freunden mit einem Geschenk eine Freude machen will.

Adresse Esslinger Straße 18, 70182 Stuttgart (Mitte), Tel. 0711/5532280, www.waumiau.de, info@waumiau.de | **ÖPNV** U 1, 2, 4, 5, 6, 7, 12, 15, Haltestelle Charlottenplatz | **Öffnungszeiten** Mo–Fr 10–19.30 Uhr, Sa 10–18 Uhr | **Tipp** Im »Relaxa Waldhotel Schatten« am Stadtrand sind auch vierbeinige Gäste willkommen. Der »4-Pfoten-Service« umfasst Decke, Spielzeug und Fressnäpfe mit kleinen Leckerlis.

107 _ Weinhandlung Kreis
Volle Pullen im Drahtgestell

Der Überlieferung nach hat es im Mittelalter Jahre gegeben, in denen Stuttgart mehr Weinvorräte besaß, als die Bürger zu trinken vermochten. So rührten die Maurer damals Lehm und Kalk mit Wein zu Mörtel an; auch die große Stiftskirche soll damit erbaut worden sein. Im Schatten des Gotteshauses und nahe der Markthalle hat Weinhändler Bernd Kreis eine Filiale eröffnet. Sein originelles Regalsystem im Laden und im Keller darunter erweckt so viel Aufmerksamkeit, dass es wohl bald in Serie geht. In der Innenstadtfiliale ist der Platz begrenzt: Die Drahtgestelle in allen Regenbogenfarben für jeweils 25 Flaschen wurden vom Gestaltungsbüro Furch entwickelt und sind die geniale Lösung für das Problem, 12.000 Flaschen auf 70 Quadratmetern unterzubringen.

2014 wurde der Laden vom spanischen Magazin »Vinopack« zu den zwölf spektakulärsten Weinhandlungen der Welt gezählt. So individuell wie das Geschäft ist auch das Sortiment: Bernd Kreis hat nur authentische, unverwechselbare Weine im Angebot, in denen das »Terroir« zur Geltung kommt. An erster Stelle stehen bei seiner Auswahl Qualität und handwerkliche Erzeugung. Zwar sind auch viele konventionell angebaute Weine hier erhältlich, aber wo immer möglich, bevorzugt er den ökologischen Anbau. Wovon Kreis als Mann der Praxis selbstverständlich etwas versteht: Seine Rebflächen am Degerlocher Scharrenberg bewirtschaftet er seit 1996 ökologisch.

Zuvor hatte er bereits ein Dutzend Jahre in Sternerestaurants in Baiersbronn und Stuttgart gearbeitet und wurde mehrfach als bester Sommelier ausgezeichnet. Sein Wissen gibt er gern weiter, in Büchern und als Weinberater, aber auch bei Verkostungen und Seminaren in seinem Hauptgeschäft im Stuttgarter Süden. Die Räume in einer ehemaligen Fabrik sind deutlich großzügiger als die Filiale in der Innenstadt: Hier gibt es mehr Wein, als ein Einzelner trinken kann, und genug für die vielen Stuttgarter Weinfreunde.

Adresse Dorotheenstraße 2, 70173 Stuttgart (Mitte), Tel. 0711/2484330, www.wein-kreis.de, info@wein-kreis.de | **ÖPNV** U 5, 6, 7, 12, 15, Haltestelle Schlossplatz | **Öffnungszeiten** Mo 12–20 Uhr, Di–Sa 10–20 Uhr | **Tipp** Im Hauptgeschäft in der Böheimstraße 43 findet jeden Freitag von 16–18 Uhr der After-Work-Weintreff statt, eine Verkostung zu wechselnden Themen.

108 __ Weinhaus Stetter
Probieren geht über Studieren

Beim Viertele Trollinger ist man schnell im Gespräch, ob über die 40 offenen Weine auf der Karte oder über Gott und die Welt. Eng geht es zu, Tuchfühlung zum Nachbarn gehört in der urigen Traditionsweinstube im Bohnenviertel dazu.

In der angeschlossenen Weinhandlung ist das Sortiment weit umfangreicher und überaus vielfältig – rund 500 Flaschenweine sind im Angebot. Doch wird im Laden keineswegs Weinkennerschaft vorausgesetzt. Wein soll Vergnügen bereiten, nicht zur Wissenschaft werden. Hier berät man gern, und für das Ausprobieren braucht es lediglich Interesse.

Schon über 110 Jahre reicht die Tradition zurück: Das 1902 gegründete Weinhaus blieb über drei Generationen im Besitz der Familie Stetter. Gründer Ernst Stetter machte sich hier zu Beginn des 20. Jahrhunderts zunächst als Küfer selbstständig, nachdem er das Haus in der Rosenstraße erworben hatte. Neben der Anfertigung und Reparatur von Fässern betrieb er im Herbst auch eine Mostpresse, produzierte eigenen Wein aus zugekauften Trauben und belieferte Wirtshäuser in der Stadt. 1932 übernahm Sohn Ernst den Betrieb und eröffnete zwei Jahrzehnte später die Wirtschaft. Schon 1959 stieg mit Gründerenkel Roman Stetter die dritte Generation ein – und als er und seine Frau Gertrud sich 2008 in den Ruhestand verabschiedeten, schien eine lange Tradition zu Ende zu gehen.

Doch dem neuen Inhaber, Andreas Scherle vom Hotel Wörtz an der Weinsteige, gelang das Kunststück, den unverwechselbaren Charme dieser Institution zu erhalten: Der Name blieb, das Weinhaus Stetter existiert weiter in bewährter Weise mit Weinstube und Fachhandlung. Die Preisliste umfasst knapp 40 Seiten und führt Weine vieler Länder auf, aus Argentinien und Südafrika, Neuseeland und Australien, Chile und Kalifornien, Frankreich, Italien und Spanien. Den Schwerpunkt aber bilden Weine aus Baden und Württemberg, Trollinger inklusive.

Adresse Rosenstraße 32, 70182 Stuttgart (Mitte), Tel. 0711/240163, www.weinhaus-stetter.de, mail@weinhaus-stetter.de | **ÖPNV** U 1, 2, 4, 5, 6, 7, 12, 15, Haltestelle Charlottenplatz | **Öffnungszeiten** Mo–Fr 12.30–22 Uhr, Sa 11–14.30 und 17.30–22 Uhr | **Tipp** Zum Viertele serviert man in der Weinstube Wurstsalat, Maultaschen und andere Gerichte der schwäbischen Küche.

109 Weinmanufaktur Untertürkheim

Schatzkammer im Kreuzgewölbekeller

Im Herbst wird an der Untertürkheimer Kelter der Leseplan ausgehängt: Mit den Winzern ist exakt abgestimmt, welche Trauben wann wo gelesen werden. Für die Weinmanufaktur bewirtschaften die beteiligten Winzer rund 85 Hektar Rebflächen. Nach klaren Vorgaben, denn vom Literwein-Image mancher Genossenschaft ist man hier denkbar weit entfernt.

Im Jahr 2012 konnte die Genossenschaft bereits ihr 125-jähriges Jubiläum feiern: 1887 als »Weingärtnergesellschaft« gegründet, gelten die Untertürkheimer als beste Kooperative Deutschlands; zahlreiche Auszeichnungen bei Weinwettbewerben bestätigen die Ausnahmestellung des Betriebs. Auch die Bewertung mit drei Trauben im Gault Millau Weinguide steht für konstant hohe Qualität. Die Weinmanufaktur hat es bis zu Deutschlands einziger Genossenschaft in dieser Kategorie gebracht.

Die große Verkaufsfläche ist in der denkmalgeschützten Kelter untergebracht, die Anfang des 20. Jahrhunderts im Jugendstil erbaut wurde, damals die größte und modernste Kelter Europas. Im eindrucksvollen Mönchskeller mit Kreuzgewölbe lagern die Holzfässer und Flaschenraritäten. Drei Sterne (eine betriebsinterne Klassifikation) stehen für die besten Weine des Hauses, für sie gilt eine klare Begrenzung der Erntemenge auf 50 Hektoliter pro Hektar.

Das historische Bauwerk wird für vielerlei Events genutzt: für Tanz und Unterhaltung, aber vor allem nimmt man sich Zeit für Genuss; zu Themen wie Käse und Wein, Schokolade und Wein, Nüsse und Wein stellen sich regelmäßig regionale Manufakturen vor. »Manufactum«, das von Hand Produzierte, findet sich nicht von ungefähr auch im Namen der Weingärtnerkooperative: Für die 40 beteiligten Winzer geht Qualität vor Quantität, Unverwechselbarkeit vor Menge. Ihr Credo gilt von der Traube im Weinberg bis zum Tropfen im Glas.

Adresse Strümpfelbacher Straße 47, 70327 Stuttgart (Untertürkheim), Tel. 0711/3363810, www.weinmanufaktur.de, info@weinmanufaktur.de | **ÖPNV** U 4; S1, Haltestelle Untertürkheim Bahnhof | **Öffnungszeiten** Mo–Fr 9–18 Uhr, Sa 9–14 Uhr | **Tipp** Mehr über Stuttgarter Weingeschichte erfährt man im »Weinbaumuseum Stuttgart« in Uhlbach, das in der historischen Kelter untergebracht ist.

110 Weltladen an der Planie
Fair unter Playern

Mitten in der farbenfrohen, fröhlichen Mischung aus Textilien, Accessoires, Lebensmitteln und Kunsthandwerk liegt eine Computermaus. Im großen Laden in einem der wenigen historischen Gebäude der Innenstadt, dem Alten Waisenhaus, füllen Recyclingprodukte, Glas, Geschirr, Schmuck, Leder- und Papierwaren die Regalmeter, auf Tischen stapeln sich Basttaschen und Bambusbecher. Einladend gestaltet hat den Weltladen mit den bunten Quadraten an der Decke die Stuttgarter Innenarchitektin Diane Ziegler.

Als Pioniere hatten Weltläden den fairen Handel in den 1970er Jahren in Gang gebracht: Idealisten und Kritiker der multinationalen Konzerne kämpften für eine bessere Welt, anfangs noch als Spinner verlacht. Ihr Ziel war es, Kleinbauern und Handwerker aus der »Dritten Welt« und Konsumenten aus dem Norden zu Partnern zu machen, um so für höhere Entlohnung und existenzsichernde Mindestpreise zu sorgen, die Einhaltung von Menschen- und Arbeitsrecht zu garantieren und Transparenz zu schaffen. Heute ist die Idee alternativen Handels angesichts der Globalisierung populärer denn je. Da die Kundennachfrage wächst, führen mittlerweile auch Supermärkte faire Produkte – wobei der Begriff «fair» nicht geschützt ist.

An der Planie sorgt Margret Eder dafür, dass in einem Aktionsschaufenster wechselnde Projekte vorgestellt werden, beispielsweise »Zauberfaden«, eine Nähwerkstatt für Flüchtlinge mit ehrenamtlichen Helfern in Schorndorf. Regelmäßig finden zudem Veranstaltungen mit Kooperationspartnern vom Libanon bis zu den Philippinen statt. Denn dem Weltladen geht es zum einen darum, einen Beitrag zur Bekämpfung von Fluchtursachen zu leisten und die Lebenssituation der Bevölkerung in Krisengebieten zu verbessern, und zum anderen, statt »Stehrumchens« vor allem Gebrauchsgegenstände des Alltags zu führen. Also bekommt man an der Planie auch die von Susanne Jordan und ihrem Team angebotene faire Computermaus.

Adresse Charlottenplatz 17, 70173 Stuttgart (Mitte), Tel. 0711/76103231, www.weltladen-planie-stuttgart.de, info@weltladen-planie-stuttgart.de | **ÖPNV** U 1, 2, 4, 5, 6, 7, 12, 15, Haltestelle Charlottenplatz | **Öffnungszeiten** Mo–Fr 10–20 Uhr, Sa 10–18 Uhr | **Tipp** Das »Welcome Center« im selben Haus ist Anlaufstelle für alle Neuankömmlinge in Stuttgart, gleich, ob mit oder ohne Migrationshintergrund.

111 Christiane Zielke
Eine anziehende Frau

Ein Laden zum Wohlfühlen: Das einladende Interieur der Modeboutique beweist Styling-Kompetenz auch für Räume. Das Shopdesign in gedeckten Farben stammt vom Esslinger Architekten Jan Schroeter, doch Inhaberin Christiane Zielke setzt eigene Akzente und schafft das angenehme Flair. Im vorne sehr offenen und großzügigen Raum wirken der Wollteppich hinter dem großen Verkaufstisch und eine Kleiderbügel-Licht-Installation als Blickfang, der den farblich sortierten Kleiderreihen an den Seiten jedoch nicht die Schau stiehlt. Im hinteren Anprobebereich wird die Atmosphäre intimer.

Nicht alle Frauen wühlen sich gerne durch 1.000 Teile, viele finden ausgedehnte Shoppingtouren oder gar Schnäppchenjagd eher ermüdend. Also kaufen sie bevorzugt dort ein, wo sie mit Blick auf ihren persönlichen Stil, ihren Geschmack und ihre Bedürfnisse stilsicher und fachkundig beraten werden. Und wo die Vorauswahl an tragbaren Outfits ihnen langes Stöbern erspart.

Zum Beispiel in Christiane Zielkes Laden am Killesberg: Von den Laufstegen und Modemessen bringt sie für ihr Geschäft Fashion-Pieces mit, die mit edler Qualität, guter Verarbeitung und schönen Details punkten und auch in der nächsten Saison noch tragbar sind. Das Spektrum ist breit, reicht von Casual Chic über Sportliches bis zu zeitlosen Stücken, denn viele ihrer Kundinnen suchen Kleidung, die in allen Lebenslagen funktioniert. Schon seit 1991 stellt die modebewusste Geschäftsfrau ihren exklusiven Designermix zusammen (der Killesberg ist ihr zweiter Standort), manches Trendlabel hat sie als Erste in Stuttgart entdeckt.

Mit feinem Gespür für Farbtöne kombiniert Christiane Zielke die Einzelteile der rund 30 vertretenen Marken zu wunderbaren Komplettlooks. Und legt bei der Stylingberatung Wert darauf, dass der individuelle Look zur Persönlichkeit passt: Nur wer sich in seiner Kleidung wohlfühlt, wirkt nicht verkleidet.

Adresse Birkenwaldstraße 215, 70191 Stuttgart (Nord), Tel. 0711/2844709, www.christiane-zielke.de, kontakt@christiane-zielke.de | **ÖPNV** U 5, Haltestelle Killesberg | **Öffnungszeiten** Mo–Fr 10–18 Uhr, Sa 10–14 Uhr | **Tipp** Die »1/1 bar« auf dem Vorplatz der Kunstakademie lockt mit Kaffee, Snacks, Suppen und Salaten nicht nur Studenten an.

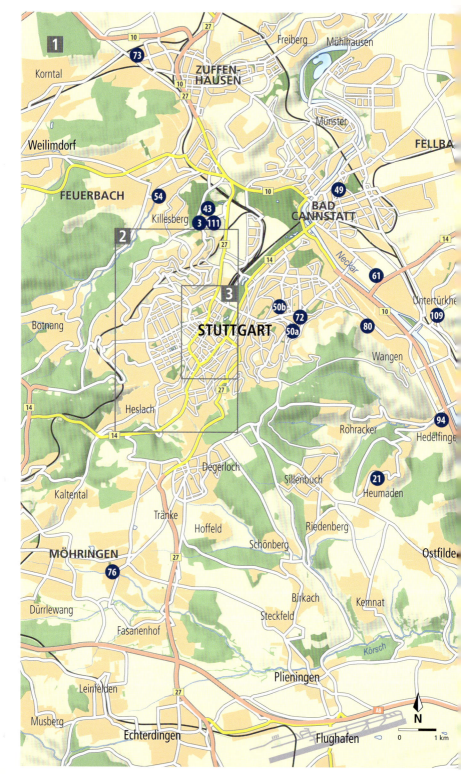

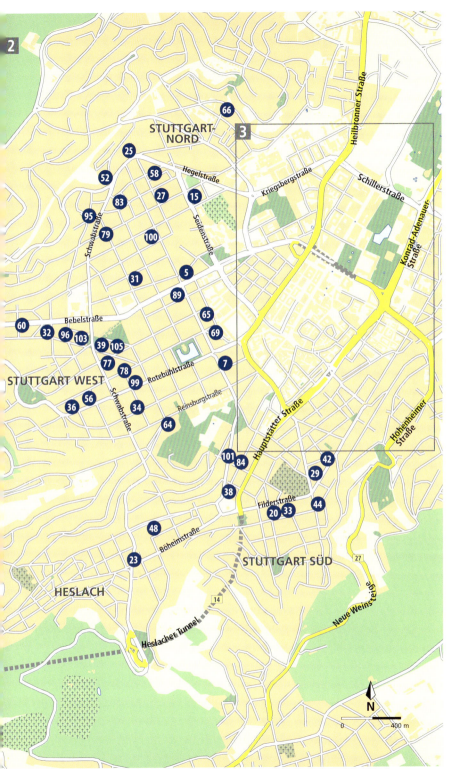

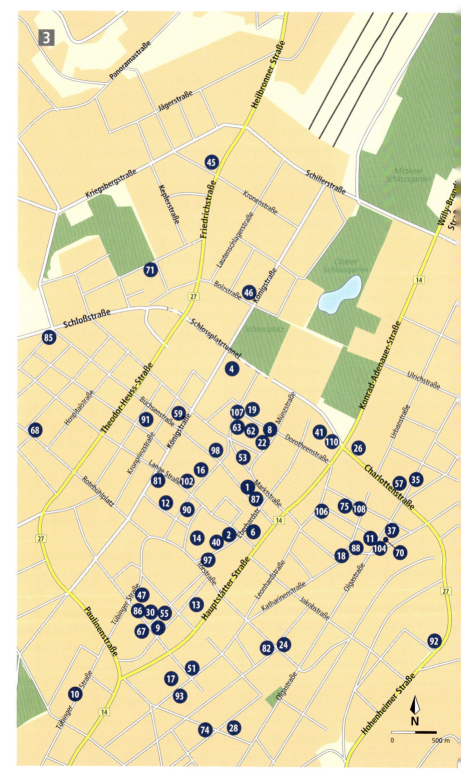

Gabriele Kalmbach
**111 ORTE IN STUTTGART,
DIE MAN GESEHEN HABEN MUSS**
ISBN 978-3-95451-004-7

Alexandra Brücher-Huberova
**111 GESCHÄFTE IN MÜNCHEN,
DIE MAN ERLEBT HABEN MUSS**
ISBN 978-3-95451-204-1

Paul Klein
**111 GESCHÄFTE IN HAMBURG,
DIE MAN ERLEBT HABEN MUSS**
ISBN 978-3-95451-218-8

Patricia Schmidt-Fischbach, Ralph Bergel
**111 GESCHÄFTE IN BERLIN,
DIE MAN ERLEBT HABEN MUSS**
ISBN 978-3-95451-334-5

Sandra Rauch, Julia Seuser
**111 GESCHÄFTE IN NÜRNBERG,
FÜRTH UND ERLANGEN, DIE MAN
ERLEBT HABEN MUSS**
ISBN 978-3-95451-457-1

Kristina Scherer, Frank Siegwarth
**111 GESCHÄFTE IN DER REGION
SAAR-LOR-LUX, DIE MAN ERLEBT
HABEN MUSS**
ISBN 978-3-95451-620-9

Katrin Hofmann
**111 GESCHÄFTE IN WIEN,
DIE MAN ERLEBT HABEN MUSS**
ISBN 978-3-95451-618-6

Dagmar Sippel
**111 GESCHÄFTE IN PARIS,
DIE MAN ERLEBT HABEN MUSS**
ISBN 978-3-95451-458-8

Kirstin von Glasow
**111 GESCHÄFTE IN LONDON,
DIE MAN ERLEBT HABEN MUSS**
ISBN 978-3-95451-340-6

Nicoletta Cascio, Brigitte Cordes
**111 GESCHÄFTE IN ROM,
DIE MAN ERLEBT HABEN MUSS**
ISBN 978-3-95451-317-8

Aylie Lonmon
**111 GESCHÄFTE IN MAILAND,
DIE MAN ERLEBT HABEN MUSS**
ISBN 978-3-95451-639-1

Mark Gabor, Susan Lusk
**111 GESCHÄFTE IN NEW YORK,
DIE MAN ERLEBT HABEN MUSS**
ISBN 978-3-95451-455-7

Annett Klingner
**111 ORTE IN ROM,
DIE MAN GESEHEN HABEN MUSS**
ISBN 978-3-95451-219-5

Giulia Castelli Gattinara, Mario Verin
**111 ORTE IN MAILAND,
DIE MAN GESEHEN HABEN MUSS**
ISBN 978-3-95451-617-9

Jo-Anne Elikann
**111 ORTE IN NEW YORK,
DIE MAN GESEHEN HABEN MUSS**
ISBN 978-3-95451-512-7

Die Autorin

Gabriele Kalmbach hat bereits mehrere Reiseführer zu Regionen und Städten in Deutschland und Frankreich veröffentlicht, darunter zwei Stuttgart-Bände. Ihr zweiter Schwerpunkt sind Kochbücher und kulinarische Themen.

Bildnachweise

Alle Fotos von Gabriele Kalmbach außer: © Bergwerker (Pierre Johne) S. 23; © Destillerie Kohler (Lars Erdmann) S. 51; © Drumpoint Stuttgart S. 57; © Engelwerk S. 63; © Frau Blum (Leif Pietchowski) S. 77; © Kallas S. 103; © Königsback S. 109; © Kraft Augenoptik (HEIKAUS interior GmbH) S. 113; © Kunsthaus Frölich S. 117; © Metropolis S. 137; © Schmachtfetzen (Tom Maurer) S. 173 (oben); © Tabacum La Habana S. 199; © Unique Nature S. 211